高校教学的理论探索与多维实践

（第三辑）

——历史学品牌专业课程思政教研论文选

主　编　张文德

副主编　刘德州

合肥工业大学出版社

内容简介

本论文集是江苏师范大学历史文化与旅游学院近年来编辑出版的第三部教研论文集。与前两部不同的是，这是一部围绕"课程思政"的专题论文集，反映的是学院历史学、旅游管理、文化产业管理三个专业二十余位教师对课程思政的深入思考。其中既有理论层面的宏观思考，也有具体案例的微观探讨，文中所论对三个专业办学质量的进一步提升多有裨益，对课程思政建设也贡献了教师们自己的智慧。

图书在版编目（CIP）数据

高校教学的理论探索与多维实践．第三辑，历史学品牌专业课程思政教研论文选/张文德主编．—合肥：合肥工业大学出版社，2024.4
ISBN 978－7－5650－5931－5

Ⅰ.①高…　Ⅱ.①张…　Ⅲ.①历史教学—教学研究—高等学校—文集
Ⅳ.①G642.0②K－4

中国版本图书馆 CIP 数据核字（2022）第 177732 号

高校教学的理论探索与多维实践（第三辑）
——历史学品牌专业课程思政教研论文选

张文德　主编		责任编辑　孙南洋	
出　版	合肥工业大学出版社	版　次	2024 年 4 月第 1 版
地　址	合肥市屯溪路 193 号	印　次	2024 年 4 月第 1 次印刷
邮　编	230009	开　本	710 毫米×1010 毫米　1/16
电　话	人文社科出版中心:0551－62903200	印　张	12
	营销与储运管理中心:0551－62903198	字　数	197 千字
网　址	press.hfut.edu.cn	印　刷	安徽联众印刷有限公司
E-mail	hfutpress@163.com	发　行	全国新华书店

ISBN 978－7－5650－5931－5　　　　　　　定价：68.00 元

目　录

世界百年未有之大变局视域下世界史学科建设的思考

张文德

【摘要】 面对世界百年未有之大变局，由二级学科升为一级学科的世界史学科如何建设问题引起学界广泛关注与探讨。世界史成为一级学科有助于引进学科人才，扩大招生规模，提升学科地位，但与中国史、考古学等学科之间的壁垒并没有因此被打破，在教育部学科评估和学位点动态调整背景下，世界史学科学位点在一些高校由于人才断层、资源有限而被迫调整、撤销，世界史学科发展空间明显缩小。当今世界要求我们站在世界历史的高度审视世界发展趋势和面临的重大问题，为此，国别和区域研究交叉学科正在发展，国家社科研究专项正在设立，而"一带一路"倡议、人类命运共同体的构建等国家需求都需要大力加强世界史学科的建设。

【关键词】 世界史一级学科；学科评估；学科建设；百年未有之大变局；机遇与挑战

2019 年 6 月，国家主席习近平在第二十三届圣彼得堡国际经济论坛全会上的致辞中指出："当今世界正经历百年未有之大变局。新兴市场国家和发展中国家的崛起速度之快前所未有，新一轮科技革命和产业变革带来的新陈代谢和激烈竞争前所未有，全球治理体系与国际形势变化的不适应、不对称前所未有。"① 为此，《世界历史》2020 年第 6 期刊发笔谈"世界史

---

① 习近平：《坚持可持续发展 共创繁荣美好世界——在第二十三届圣彼得堡国际经济论坛全会上的致辞》（2019 年 6 月 7 日，圣彼得堡），https://www.ccps.gov.cn/xxsxk/zyls/201906/t20190608_132172.shtml。

视域下的百年未有之大变局"专栏，对 500 年来世界历史的宏观变迁、世纪尺度中的大变局、百年变局中的历史转换和资本主义经济危机等问题进行多角度阐释。在此形势下，如何建设世界史学科，如何建立世界史研究的中国学派，展示世界史研究的中国话语，是我们世界史研究者关注和探讨的课题。本文谈不上深入研究，主要是在了解学界研究的基础上，结合工作实践，谈谈自己的思考。

一、2011 年世界史升为一级学科及其二级方向设置

2011 年 3 月，国务院学位委员会公布了调整后的学科目录，历史学由原来的 1 个一级学科变为"考古学""中国史""世界史"3 个一级学科。[①]作为建立动态调整机制、优化学科结构的一项重要举措，其对推动学位授权审核办法改革，扩大学位授予单位办学自主权，加快创新人才培养，提高人才培养和学位授予质量，使学位与研究生教育更好地适应经济、社会发展都具有重要意义。世界史原本是历史学一级学科下面 8 个二级学科之一，上升为一级学科后，地位显著上升，这是学界的普遍反映。为此，要特别感谢为此努力的一批著名学者。比如，中国社会科学院于沛、俞金尧研究员，北京大学钱乘旦、高岱教授，中国人民大学李世安教授，首都师范大学齐世荣、刘新成教授，北京师范大学郭小凌教授，南开大学陈志强教授，天津师范大学侯建新教授，武汉大学胡德坤教授等。[②]

为什么要将世界史升级为一级学科呢？其主要原因，一是世界史学科成长空间受到制约。1997 年学科目录调整后，世界史仅列为历史学下 8 个二级学科之一，世界史学科成长空间受到直接影响，许多高校，特别是中西部地区的许多省属院校，世界史学科的教学研究队伍非常薄弱，不少高校世界史教师只有 4 至 5 人，甚至 2 至 3 人，只能勉强应付最基本的通史课教学，难以进行扩展性教学，更谈不上开展学术研究。侯建新教授当时指

---

① 《关于印发〈学位授予和人才培养学科目录（2011 年）〉的通知》（学位〔2011〕11 号），http：//www. moe. gov. cn/srcsite/A22/moe_ 833/201103/t20110308_ 116439. html。

② 庞永锋：《试论世界史上升为一级学科后的机遇与挑战》，《南阳师范学院学报》（社会科学版）2013 年第 4 期。

出，20 世纪 80 年代，我国高校世界史学科师资占历史学师资总数的 40% 以上，而今天平均只占 20% 多。高校世界史研究人员严重不足是当时最直接、最现实的问题。二是学科领域发展不平衡，欧美史、日本史的研究人员占了非常大的比例，其他领域的研究人员还很少。研究阿拉伯世界、中东、中亚、印度、拉丁美洲以及中国周边国家历史的力量都十分有限。三是世界史学科在许多省属高校中的地位低，下拨经费少，资料奇缺，历史专业学生的世界史教学质量差，选修世界史方向的学生数量少。

由二级学科升级为一级学科的直接好处是研究生招生人数增加，随之而来的世界史学科引进人才受到重视，培育新的学科增长点成为一项重要任务。现在的世界史［603（代码，下同），History of the World］二级学科大体为 5 个，中国世界史研究网将其列为：世界史学理论与史学史（60301，Foreign Historical Theories and Historiography）、世界古代中古史（60302，Ancient and Medieval History of the World）、世界近现代史（60303，Modern and Contemporary History of the World）、世界地区国别史（60304，History of the World Areas and Nations）、专门史与整体史（60305，Topic History and Integral History）。[①]

其实这中间有一个讨论与争议的过程。二级学科的设置涉及世界史学科的发展方向与定位问题。当时留下的空间是：在 5 个二级学科的基础上，各高校可根据自身的学科优势和特色增设其他二级学科。自主设置二级学科有利于彰显不同高校和研究机构的研究特色，促进学科的自主发展。二级学科设置的原则和名称问题，当时许多学者提出的建议是：二级学科不宜过于琐碎，既要考虑与现有学术方向的衔接，也要顾及学科将来的发展需要；在体现国内学科设立特征的同时，也可适当参考国外大学的做法，并兼顾综合性重点大学、地方性大学和师范类院校等不同层次和类型院校的特点；既要立足于既有学术传统，结合国内世界史研究的基础，也要更多地考虑与国际学术的对接，体现开放和多元意识，将自身特色与国际学术趋向有机结合，实现本土化和国际化的融会，逐步构建起中国特色的世界史学科体系。[②] 个性化与国际化成为重要的考量指标。比如，在对世界地区、国别史布局问题的考虑方面，欧洲史、美国史等地区、国别史研究学

①　世界历史学科代码及其二级学科，http：//iwh. cssn. cn/wz/201211/t20121122_ 5225662. shtml。

②　张晓晗，赵文君：《"全国世界史学科建设"研讨会综述》，《世界历史》2011 年第 6 期。

术影响较大，应以"一流加唯一"为目标，力求达到一流学术水准。而一些地方院校可以利用地缘优势、师资优势在地区、国别史领域有所作为。地区、国别史研究是西方学术界的主流，也是今天我们世界史学科的主流。为了鼓励各高校彰显各自院校的特色，许多高校世界史二级学科的名称差别较大。

随着申报博士点、硕士点基本条件日趋明确，二级学科名称的规范性问题受到重视。一些学校在自主设立二级学科方向时，尽可能与教育部历史学类专业教学指导委员会的指导意见一致。2019 年教育部公布高校自设二级学科和交叉学科名单，共 5167 个，其中历史学中与世界史相关的二级学科有①：

北京师范大学世界史：史学理论与外国史学史、世界上古中古史、世界近现代史。

首都师范大学世界史：国际关系史、全球史。

南开大学世界史：史学理论与外国史学史、世界上古中古史、世界近现代史、世界地区史国别史、世界专门史（国际关系史）。

内蒙古师范大学世界史：国别史与地区史、世界近现代史。

东北师范大学世界史：古代西亚、北非和欧洲文明史研究。

上海师范大学世界史：世界古代中世纪史、世界近现代史、外国史学史与史学理论。

南京大学世界史：国际关系史。

江西师范大学世界史：东南亚研究。

河南大学世界史：世界近现代史、世界地区与国别史。

华南师范大学世界史：历史学教育。

四川大学世界史：外国史学理论与史学史、世界上古中古史、世界近现代史、欧洲社会文化史。

这 11 所大学（除华南师大外）增设的二级学科主要还是原有的二级学科名称。有的主要是为了规范，如 2020 年南开大学世界史博士点按导师研究方向招生，二级学科方向的名称变化较大，有拜占庭史、世界中古史、世界古代史、古希腊罗马史、美国史、北美史、世界环境史、世界近现代

---

① 教育部公布普通高等学校自设二级学科名单：附历史学相关整理。https：//www. sohu. com/a/329764171_ 523175。

史、现代国际关系史、日本外交史、俄罗斯史、国际关系史、拉丁美洲史等。

世界史有 5 个二级学科，与中国史的 7 个二级学科相比，少了历史地理学和历史文献学。在学科目录上，世界史与中国史差别不大，但实际上，在研究队伍、研究成果、社会影响等方面，世界史与中国史的差距还是很大。当年在申请升级为一级学科时可能没有充分考虑到学科评估和研究生学位点动态调整对世界史学科带来的负面影响。诚如顾銮斋所说，世界史一级学科建立后，没有充分发挥应有的作用。[①] 也有学者提出，世界史学科建设，不仅要加强二级学科之间的对话和融合，"而且要打破世界史与中国史、考古等历史学科，以及与其他人文科学、社会科学乃至与自然科学之间的学科壁垒，联合各方力量构建世界史学术共同体，开拓世界历史研究的新局面和新境界"[②]。世界史一级学科的设立尤其是二级学科名称逐渐统一，使得世界史学科与其他一级学科一样，较为规范，趋向成熟，便于教育部、省教育厅学科学位管理部门管理；但也带来一些问题，比如江苏要成立一级学科联盟，规定不少于 10 家学位点，而历史学一分为三，中国史、世界史、考古学单独都不具备，所以至今也成立不起来。省里按学科评审优秀博士硕士论文，各校每一个学科推荐 1 个，世界史学科能够出校门，与以前相比，占了名额便宜，但实际评审时，历史学 3 个一级学科还是要综合考虑的。因此，世界史一级学科在学科管理体制、学科资源获得等外部条件方面还需要我们去努力争取。

二、教育部学科评估下的世界史学科

（一）世界史作为一级学科参与教育部三轮学科评估的基本情况

2011 年世界史成为一级学科以来，参与了教育部组织的三轮学科评估。其中第四轮评估影响很大，第五轮评估结果还没有公布。

2012 年第三轮学科评估，世界史参评高校 48 所，一级博士点高校 29 所（有 1 所没有参加），江苏世界史有 5 所高校参评，结果如下：南大 82

[①] 顾銮斋：《关于建设中国特色世界史学术体系的思考》，《贵州社会科学》2020 年第 3 期。
[②] 罗文东：《构建世界历史体系的方法和原则》，《历史研究》2019 年第 6 期。

分，苏大 68 分，江苏师大 67 分，南师大 66 分，苏科技 66 分。

第四轮学科评估①，全国有 58 所高校的世界史学科参与，其中有博士学位授权点的高校 31 所。江苏高校中，南大 B+，苏科技 C。江苏师大没有参评。

第四轮评估指标体系有"师资队伍与资源""人才培养质量""科学研究水平""社会服务与学科声誉"4 个一级指标。

第五轮学科评估指标体系一级指标也是 4 项，与第四轮一样。我们参加了第五轮评估，第五轮评估的二级、三级指标变化较大，可能影响到评估成绩。第四轮评估世界史是没有 A 这个等级。第五轮评估结果及其影响如何，还是很难预料的。

（二）国务院学位委员会动态调整下的世界史学位点的撤销与增列

2016 年，湖南科技大学、吉林师范大学、辽宁渤海大学世界史一级硕士点和哈尔滨工业大学世界史二级硕士点动态撤销，华侨大学增列世界史一级学科硕士点。

2017 年，云南大学撤销世界史二级博士点。

2018 年，内蒙古大学世界史一级硕士点动态撤销，北京外国语大学世界史一级硕士点增列。

2019 年，云南师范大学、重庆师范大学和大连大学世界史二级学科硕士点撤销。增列学科中没有世界史。

此外，2020 年新增世界史博士点的只有广西师范大学，增列硕士点的是湖北大学，未招生。

总体上来讲，2016—2020 年，有 8 个世界史一级或二级硕士点撤销，1 个二级博士点撤销，只增列了 1 个博士点和 3 个硕士点，说明世界史升级为一级学科后，世界史学位点的建设反而更难了。在资源有限、又需重点发展的情况下，许多学校选择的是牺牲世界史，确保中国史学科的发展。这带来的明显有利之处是一些实力较强的学校为了确保世界史的优

---

① 第四轮学科评估于 2016 年 4 月启动，按照"自愿申请、免费参评"原则，采用"客观评价与主观评价相结合"的方式进行。评估结果按"分档"方式呈现，具体方法是按"学科整体水平得分"的位次百分比，将前 70% 的学科分 9 档公布：前 2%（或前 2 名）为 A+，2%～5% 为 A（不含 2%，下同），5%～10% 为 A-，10%～20% 为 B+，20%～30% 为 B，30%～40% 为 B-，40%～50% 为 C+，50%～60% 为 C，60%～70% 为 C-。此次评估 A+有 2 所：北大、华东师大；A-有 3 所：首都师大、南开、东北师大；B+有 6 所。

势，加大了人才引进力度，师资队伍结构得到明显优化，不利的方面是世界史学科在全国的空间布局明显缩小。

三、新形势下世界史学科建设的机遇与挑战

就目前世界史学科的现状而言，我们主要关注以下几点。

（一）关于交叉学科（国别和区域研究）学位点的申报

交叉学科是指跨学科门类或多个一级学科的交叉学科，其基础理论、研究方法已经超出一级学科的范围，并且由于研究对象的不同，将促进新的理论形成、发展或产生新的研究方法。

当前，在中国面向世界尤其是"一带一路"倡议下，以不同国家和地区为对象的区域研究和对策研究是目前国家的迫切需要，作为交叉学科的"国别和区域研究"，其研究方法、研究对象具有鲜明的跨学科、多层次的特色，除历史学外，还涉及政治学、语言学、社会学、经济学、国际法、教育学、宗教学、民族学等。开展对于对象国家和区域的历史、语言、文化、政治、经济、地理、宗教等方面的研究，同时充分结合我国的对外政治、经济、文化等政策，就研究对象国家和区域内的实际情况，通过系统收集整理资料、信息，准确把握研究对象国家和区域的特征，科学分析和预测其发展趋势后形成的众多研究成果，能够为国家制定发展战略、政策措施提供智力支持、决策咨询和实践分析。目前的做法可以有两种：一是直接单设一个自主设置交叉学科，代码99J，二级学科是99J1、99J2、99J3……二是将自主设置交叉学科的二级学科分散在相关一级学科之后单独招生。这项工作已有许多学校在做，例如江苏师范大学教育部国别和区域研究备案中心有三个：澳大利亚、巴基斯坦和独联体国家研究中心，目前正在学校安排下申报国别与区域研究交叉学科二级学科点工作。在教育部国别和区域研究中心申报与建设方面，希望省里世界史同行能够携手，有一个合作共建、共商、共享的平台。

（二）关于省重点学科的申报

"十四五"期间江苏省重点学科申报已经启动，全省要遴选建设300个左右"十四五"省重点学科，所依托的专业原则上应为国家或省一流专业，优先立项支持对解决国家和区域治理、社会发展等重大问题有重要

支撑作用的哲学社会科学学科；对验收结果为优秀的"十三五"省重点学科予以优先支持，同时支持一批对相关高校办学层次和水平提升具有重要意义的学科；如各校拟重点培育的硕士、博士学位授权点及专业学位类别，或对本校优势学科群建设具有重要支撑作用的学科；计划遴选 A 类省重点学科100 个左右、B 类140 个左右、C 类 60 个左右，合计 300 个左右。"双一流"和江苏高水平大学高峰计划建设高校，每校省重点学科的总申报数不超过 10 个；其余研究生培养高校，每校省重点学科的总申报数不超过 7 个；学士学位授权高校，每校省重点学科的总申报数不超过 4 个。在学科资源稀缺的情况下，世界史学科是否能够突破重围、率先发展，可谓任重道远。有一级学科学位点的高校要报，没有的要设法参与，因为这涉及学科未来发展的话语权问题。

（三）重要国家和区域研究专项课题的申报

从 2018 年起，全国社科办设立了国家社科基金冷门绝学和国别史等研究专项，2019 年有一部分国别史专项公示，比如，东南亚地区罗兴亚人研究，日本近代转型时期的"外交革新"研究（1853—1902），西伯利亚古代史，巴基斯坦通史，东方学范式下乌兹别克斯坦史俄文书写研究，古代两河流域"界碑"研究，关于以色列国新史学之构建的研究，中古波斯文法律文献译注与研究，土库曼斯坦通史，乌克兰近代史研究，希腊通史（从爱琴文明至今），非洲本土化立法研究，"非洲之角"国家边界和跨境民族档案文献的整理、译介研究等。

2020 年国家社科基金冷门绝学研究专项单列，国别史专项单列，主要是涉及一些敏感问题。2021 年国家社科基金"重要国家和区域研究专项"正在内部申报中，我们要尽可能参加这个专项，特别是世界史学科的教授，应尽可能组织团队申报。我们不能仅仅将它看成研究专项，而应将它视为世界史学科发展的特色与亮点，争取世界史外部资源的一个重要机会。

（四）世界史学科建设中专业与研究领域的主要问题

从学理和实践两个角度讨论世界史学科中存在的问题，学界研究成果较多。这里选择其中的 4 个方面，主要是提出问题，与大家分享。

1. 关于世界史本科专业的建设

世界史本科专业代码是 060102，修业年限为 4 年，授予历史学学士学位。开设世界史本科专业的高校有：首都师范大学、北京大学、中国人民大学、北京外国语大学（有"世界史""外国语言与外国历史"2 个本科专业）；天津师范大学、南开大学；上海纽约大学、上海师范大学；河北大学；郑州大学、河南师范大学、河南大学；山东师范大学、山东大学；安徽师范大学；四川大学；西北大学、陕西师范大学；兰州大学；昆山杜克大学、西交利物浦大学等 21 所高校，此外，2012 年设立世界史专业的山西师范大学已停招。陈天社教授结合郑州大学世界史专业近些年的探索与实践，认为：对综合高校而言，世界史专业宜小而精，要以高端研究型专业人才培养为目标；要结合学科优势特色方向，打造特色化专业教学团队，特别注重小语种教师的引进；要在建立完整课程体系的基础上突出特色，加强发展中国家历史课程与外语课程建设；要精讲史学名著，编著特色教材；在人才培养方面，要注重培养学生的科研能力，推行导师制，强化专业实践能力。存在的问题主要有：一是专业定位模糊。许多高校设立世界史专业是从解决师资工作量、扩大招生规模等角度考虑的，对世界史专业的定位与培养目标缺乏清晰认识与深度思考。尤其是师范院校的世界史专业与历史教育专业区分度小。二是师资力量不足，课程、教材、专业实践等方面存在明显短板等。[①] 由于各个高校控制设置本科专业数量，因而新增专业难；同时，从世界史小而精角度看，加强世界史硕士生的培养可能更适宜，至于对国别中小国、小语种的学习，可能要增加特殊渠道。

2. 关于世界史研究的语言基础和史学理论基础欠缺问题

马克垚教授指出，目前世界史学者有两点不足：一是语言问题，高水平的学术研究必须有语言能力的保障；二是史学史研究不够，在特定的领域中，对于前人做了什么、学术问题的源流如何，现在的研究者重视不够。世界史问题的研究，必须与外国史学史的研究相结合，理解其学术背景，才能切实推进水平的提高。目前，世界史教师普遍掌握英语，但对第二外语尤其是小语种的使用就不尽如人意了。大多数世界史教师有国外求学深造的经历，许多教师掌握了研究对象国的语言。而开设第二外语尤其是研究对象国语言课程，积极开展国际学术交流，也有助于这个问题的解决。至于史学史研究，可能要结合研究方向或研究领域，对相关史学名著进行深度研读和阐发。

---

① 陈天社：《论世界史专业建设的基本理念与路径》，《教学研究》2020 年第 4 期。

3. 关于世界史和中国史关系问题

北京大学钱乘旦教授指出，世界史和中国史的区别不仅在于研究对象的不同，还在于二者非同根同源。中国的传统史学中没有外国史，而世界史作为一个研究领域是出现在鸦片战争之后。我国的世界史研究不是从中国史学科中派生出来的一个分支，而是产生于西方的冲击之下。我国的世界史学科更多受到西方史学的影响，与我国传统史学有一定区别。我国世界史研究有着强烈的时代关怀意识，更注重它的借鉴功能。在观察世界总体格局、处理各种多边或双边关系包括中外关系时，都需要借助世界史研究。① 在这里，钱老师更强调世界史学科的独特性。也有学者认为，中国是世界上最大的发展中国家，应当在世界历史体系中具有自己的空间并担当起自己的使命。中国史应当成为世界史的重要组成部分之一。在世界史语境中的中国史，是世界史中的一种概括而又精要的中国史。② 当代中国的世界史和中国史学科，研究理念、研究过程还存在差异，有些方面还有隔阂，可能在中国史研究中引入世界史思考，在世界史研究中确立中国史定位，才能真正将世界史与中国史研究融为一体。

4. 如何"站在世界历史的高度审视当今世界发展趋势和面临的重大问题"

2018 年 5 月 4 日，习近平总书记在纪念马克思诞辰 200 周年大会上的讲话中指出："今天，人类交往的世界性比过去任何时候都更深入、更广泛，各国相互联系和彼此依存比过去任何时候都更频繁、更紧密。""我们要站在世界历史的高度审视当今世界发展趋势和面临的重大问题。"这个世界既不是古代中国"华夷秩序论"的世界，也不是近代"欧洲中心论"的世界。我们正在感受当今世界的发展和中国的发展所产生的变化，其中一个重要的变化是，一大批新兴市场国家和发展中国家快速发展，成为改变世界格局的重要力量。"世界权力"首次向非西方国家转移扩散。刘德斌教授称之为"非西方国家的整体性崛起"，欧洲、亚洲和非洲在经济上联系更为紧密，美国主导的世界秩序正在终结，乃至有人担心国际关系存在"失序"的危险。如何观察研究世界这个变化？有"全球史""国际史"和"跨国史"等多种角度，其中影响较大的是全球史的视角。全球史研究实际上是人类历史发展到全球化时代的反映，其研究的主题，包括贸易、迁徙、

---

① 钱乘旦：《世界史研究的时代关怀》，《人民日报》，2014 年 4 月 13 日第 5 版。
② 陈晓律，于文杰：《谈构建中国世界史学科体系》，《史学理论研究》2008 年第 2 期。

战争、文化、技术、生态、环境、疾病等，多为跨民族、跨国家的范畴，将人类历史从静态的、分隔的、孤立的发展，转变为动态的、联系的、互动的过程。但是，全球化本质上仍以西方价值观为导向。因此，全球史也很难摆脱西方话语体系。① 当今的全球史研究能否从中国视角去考察、去构建中国特色的全球史？现在有不少学者在思考这方面的问题。比如，张旭鹏认为，从西方角度看，全球史旨在超越民族国家叙事，但对有悠久史学传统的中国来说，民族国家依然是历史编纂得以展开的重要框架。全球史的目标不是超越或消解民族国家，而是在更大的时空范围内重塑对民族国家的理解。② 徐善伟则认为，全球史编纂理论中有两个核心观念：一是跨越民族与区域界限而理解整个世界的历史观，二是"跨文化互动"。西方学者过分强调"跨文化互动"，轻视各文明"内在传承"，未能很好地处理"内在传承和创新"与"跨文化互动"的关系，导致了两者之间的失衡。③ 两位学者似乎更强调从中国的视角看待全球史。

对当前国际格局和正在发生的深刻变化，也有人认为要用世界史的全球视野进行解读。汪朝光认为，立足中国，放眼世界，确立中国论题，提出中国看法，诚为中国学者不能不考虑的根本问题。这绝不是将世界史的事实，扭曲为中国式的解读，而是从中国学者的主体性出发，以世界性的观照，提出自己对世界史的独创看法。只有如此，才能真正在世界各国的世界史研究中，让中国的世界史研究占有一席之地，也才能真正发挥中国世界史研究的功用，无论是其经世致用，也无论是其学理探究，还是其人文情怀，莫不如此。④

总之，对我国世界史学科的现状，我们还应该有清醒的认识，它还相当年轻，比较薄弱。由于国内学科竞争的态势，世界史学科的生存空间受到挤压，一些分支学科日显萎缩，像苏俄史，可谓大不如前；非洲史、拉丁美洲史和大部分亚洲史，相关研究很少，空白很多。从整体上说，当前的世界史学科与我国的政治、经济实力很不相称，不能起到应有的作用，还应该有一个比较大的发展。⑤

---

① 汪朝光：《中国世界史研究 70 年回顾与前瞻》，《社会科学战线》2019 年第 9 期。
② 张旭鹏：《全球史与民族叙事：中国特色的全球史何以可能》，《历史研究》2020 年第 1 期。
③ 徐善伟：《当代西方全球通史编纂的成就与困境》，《史学理论研究》2020 年第 5 期。
④ 汪朝光：《中国世界史研究 70 年回顾与前瞻》，《社会科学战线》2019 年第 9 期。
⑤ 马克垚：《我国世界史学科建设的回顾与展望》，《经济社会史评论》2015 年第 1 期。

　　尽管世界史学科随着学位点的动态调整减多增少，研究人员相对聚集，空间分布分化严重，中西部地区世界史学科发展难度增大，但总体上国家的开放格局在不断扩大，"一带一路"倡议、人类命运共同体的构建等都离不开世界史学科的学术支持。伴随着国内学术研究环境的改善和学术研究平台的扩展，中青年学人正成为世界史研究的新生代群体，这股新生代研究力量正在崛起，人才梯队建设稳步进行，我们有充分的理由相信，世界史学科会有一个非常好的发展前景。

课程思政背景下高校教师队伍
素养提升的思考

戚　洪

【摘要】　高校专业课教师是推进课程思政建设、落实立德树人根本任务的主体力量，提升其胜任高校思想政治教育新要求的素养和能力是实现人才培养目标的重要保障。通过激发课程思政主体意识，强化育人使命，提升教师课程思政意识；通过重点突出的专项培训与常态长效的日常教育培训，提升教师思想政治教育理论素养；通过分类指导与融合联动，提升教师课程思政教育元素的挖掘、整合及优化教学呈现能力；通过建立健全正向激励机制和规范监督管理机制，完善课程思政的保障体系，是培养高素质人才的关键所在。

【关键词】　课程思政；专业课教师；素养能力

课程思政是将马克思主义理论贯穿于教学和研究全过程，以隐性教育的方法，将思想政治教育的原则、要求、内容与课程设计、教材开发、课程实施、课程评价等有机结合起来的一种思想政治教育形式。在新时代的历史方位下，课程思政已成为高校思想政治工作贯穿于教育教学全过程、落实立德树人根本任务的重要战略举措。全面推进课程思政建设，教师是关键。课程思政作为高校思想政治教育改革创新的重要举措，是我国高等教育内源式发展的重要内容，其实现了思想政治教育从专门课程到全体课程的拓展、从专职教师到全员教师的参与，这在推进高等教育课程改革的同时，内在地赋予各类专业课程教师思政育人的神圣使命。因此，进一步明确课程思政对高校立德树人根本任务的重要性，提高教师胜任课程思政的素养，是培养中华民族伟大复兴所需高素质人才的关键所在。

一、课程思政对高校立德树人的重要性

（一）课程思政是落实育人与育才相统一的人才培养体系的需要

育人是指以德行为内核的精神境界的塑造，育才是指对人以能力为内核的技能手段的培养。课程思政是党和国家在高等教育事业上统筹谋划人才培养体系，使育人与育才相统一的重要抓手。立德树人作为我国教育的根本任务，深刻地阐明了育人与育才之间的辩证关系，即"立德"是育人的根本，"育人"在高等教育人才培养过程中居于核心地位，以"育人"统领"育才"，以"育才"支撑"育人"，最终实现"育人"与"育才"相统一的"树人"目标。① 课程思政建设是在现行高等教育中以"育才"为导向的各类专业课程中深度挖掘以"育人"为导向的思想政治教育元素，是把二者有机结合的内在统一。这既是对高校教育体系进行系统性、立体性和针对性的优化升级，又是确立育人与育才相统一的人才培养体系的改革创新。

（二）课程思政是构建课程特质与思政元素相融合的课程教学体系的需要

课程思政是以专业课程为载体，以各类专业课程所蕴含的思想政治教育元素为立足点进行立德树人的教育活动，是依据专业课程特质，融入和挖掘其思想政治教育元素，实现课程价值引领、知识传授、能力培养相统一，构建课程特色与思政元素相融合的高校课程体系。课程思政不是专业知识与思政知识的机械衔接，而是促进专业知识与思政知识碰撞，推动马克思主义理论学科与其他学科的交融，赋予课程体系以马克思主义理论魅力与思想政治教育色彩，做到价值引领与能力培养的有机结合。因此，课程思政是对高校课程体系的优化与完善，将为培养德才兼备的社会主义建设者和接班人提供重要保障。

（三）课程思政是形成专业课程与思政课程相协同的思政体系的需要

习近平总书记在全国高校思想政治工作会议上指出："……各门课都要

---

① 娄淑华、马超：《新时代课程思政建设的焦点目标、难点问题及着力方向》，《新疆师范大学学报》（哲学社会科学版）2021 年第 5 期。

守好一段渠、种好责任田，使各类课程与思想政治理论课同向同行，形成协同效应。"① 课程思政建设使思想政治教育的课程边界从传统单一的思政课程延展至高校各类专业课程，使高校各类专业课程的内容边界从传统学科专业知识拓展至思想政治教育。这是依据我国的国情社情和文化传统，从高校立德树人根本任务的战略高度，整合与凝聚高校各类课程、师资力量与教育资源，形成全员、全过程、全方位的"大思政"育人格局。课程思政使各类专业课程与思政课程形成以立德树人为内核、以思想政治教育为契合点、以彼此协同为特质的思政育人体系。这种"协同"是指各类专业课程与思政课程在步调节奏和运行方式上的协调、在价值导向与育人目标上的同向统一，形成相辅相成、有机融合的同向同行关系。② 从而在高校形成以思政课程为引领，以各类专业课程为载体，以课程思政为切入点，辐射高校全部课程，推进各类专业课程教师队伍、教学实践、教育资源同频共振的"大思政"育人体系。

二、课程思政建设对教师素养提出的新挑战

习近平总书记强调："教师是人类灵魂的工程师，是人类文明的传承者，承载着传播知识、传播思想、传播真理，塑造灵魂、塑造生命、塑造新人的时代重任。"③ 全面推进课程思政建设的重中之重，就在于如何让注重"传播知识、传播思想、传播真理"的专业课程教师，肩负起"塑造灵魂、塑造生命、塑造新人"的神圣使命。而从目前课程思政建设的效果看，教师素养能力与思政使命担当之间还存在一定差距，对其胜任立德树人工作提出了新的挑战。

（一）课程思政理论与意识欠缺

为满足新时代培养大量高素质人才的需要，高校各学科专业仅仅将目

---

① 《把思想政治工作贯穿教育教学全过程 开创我国高等教育事业发展新局面》，《人民日报》，2016 年 12 月 9 日第 1 版。

② 娄淑华，马超：《新时代课程思政建设的焦点目标、难点问题及着力方向》，《新疆师范大学学报》（哲学社会科学版）2021 年第 5 期。

③ 《坚持中国特色社会主义教育发展道路 培养德智体美劳全面发展的社会主义建设者和接班人》，《人民日报》，2018 年 9 月 11 日第 1 版。

光置于专业知识方面还远远不够，只有将蕴含着严谨求真的科学精神、人文素养、正确的价值观念的思政教育内容融入专业课程中，才能实现立德树人的教育要求，这对专业课教师的思政理论素养和思政意识提出了较高的要求。从思政理论素养层面看，课程思政要求教师专业理论素养与思政理论素养的统一，各专业课程教师虽具有较强的专业理论素养，但思政理论素养参差不齐，这势必会影响课程思政的认同度、挖掘力及实效性。从思政意识层面看，课程思政要求教师具有思政元素的挖掘、思政内容的融通、思政话语的转化、思政方法的运用、思政资源的开发等能力。但有些专业课程教师的课程思政意识还比较淡薄，对课程思政的艰巨性、复杂性认识不足，简单地以为课程思政就是"课程"和"思政"的叠加，依据学科属性、专业特质、课程特征，综合融入思政内容、话语、方法、资源的能力还不足，这对课程思政的贯通性、规范性和灵活性产生较大影响。

（二）课程思政教学素养能力欠缺

一是教学思维转变不够。思政内容的融入打破了传统专业课程"知识-教学"的单一对应关系，确立了"知识+价值观-教学"的多维对应关系，要求从"线性对接"思维转向"全方位立体衔接"思维，从而实现课程思政内容供给与专业课程教学的衔接。二是教学要素的优化及灵活运用把控不够。专业课程教学是教学主体、教学内容、教学方法、教学载体、教学资源等要素的优化运用，思政内容的融入，对教学主体的素养能力提升、教学方法的灵活应用、教学载体的合理选择、教学资源的开发共享，以及它们彼此之间的优化组合方式和高效运行形式提出新的要求，这对传统的教学方式提出新的挑战。三是教学支撑的强度不够。专业课程教学离不开专业教学研究和专业学科体系的支撑，现阶段思政内容的体现仍停留在教学实践层面，理论研究反哺和学科体系支撑不足，导致两者有机衔接缺乏坚实的理论基础和学科根基。

（三）教师个人人格形象仍需提升

教师的素养能力是教师理论素养、教学素养、个人魅力的综合体现，教师塑造自身优秀的人格魅力形象是开展课程思政教育的基本条件。教师本身既是思政教育的组织者、实施者，同时也是正确的人生观、价值观的表率与引领者。教师应具有崇高的理想信念、高尚的道德情操、完美的人格灵魂，恪守教学规章制度，具备良好的教学风貌与和谐的师生关系，其人格魅力将对学生起到榜样示范作用，促进实现其与思政育人使命担当的交融联动，在课程思政教学中达到以理服人、以情感人、以文化人、以德育人、以己导人的目标。但部分专业课程教师在品格、知识、能力、身体和心理素质等方面存在问题，严重影响了课程思政的可信度、实效性和感染力。

三、提升教师队伍课程思政素养能力的路径探索

全面推进课程思政建设，教师队伍是主力军。各专业课程教师能否顺畅开展课程思政建设的核心在于是否具备课程思政意识、素养和能力，前提是"教育者本人一定是受教育的"。在"大思政"格局下，全方位提升专业课程教师的思想政治教育素养能力，增强思想政治教育的亲和力、针对性和有效性，是高校迫切需要解决的问题。

（一）以激发与强化提升专业课程教师的"课程思政"意识

一方面要激发专业课教师在课程思政中的主体意识。要教育引导广大教师坚持党的领导，把牢社会主义的办学方向，增强课程思政建设的高度思想自觉、行动自觉，以坚定的政治立场引导学生坚定"四个自信"。要通过多种途径，帮助教师明确思想政治教育与专业课程之间的关系，明确课程思政对于专业课程的知识、能力、情感态度、价值观教育一体化的重要作用，从而唤醒其开展思想政治教育的内在需求，增强教学主动性，积极提升思想政治素养和思想政治教育能力，实现应然主体向实然主体的转变。另一方面要强化专业课教师落实立德树人根本任务的责任意识。高校通过开展政策宣讲、专题讲座等形式，明晰教师的传道授业解惑天职与价值引领、知识传授、能力培养相对应的关系。特别是要确立以马克思主义中国化最新理论成果为统领的专业课程教学的政治立场和价值追求，把专业课程内容和思想政治教育元素有机融合，帮助专业课程教师在提高教书育人本领的同时，内在地焕发其立德树人的使命担当，深刻认识自己与思政课程教师不同的价值定位及密切关系，满怀热情地投入课程思政建设中去，合力推进课程思政与思政课程的同频共振、协同育人。

（二）以重点突出与常态长效提升专业课程教师的思想政治教育理论素养

从源头做起，高校应针对专业课程教师人才引进方案建立思想政治素质和学科专业素质的"双准入"标准，重点在新任教师的入职岗前培训中

强化思想政治教育素养能力培训，从新任教师的基本素质着手，为课程思政建设的长效发展提供人才保障。从日常教育培训做起，一方面要增强教师的思想政治教育体系的运用能力。高校要通过常态化理论学习、专题讲座、举办教师培训班以及伙伴式研讨等形式，帮助教师加强马克思主义理论学习与研究，帮助教师掌握思想政治教育的内容体系，理解其基本内涵与逻辑，使其在提升自身思想政治素养的同时逐步具备思想政治教育的基本理论能力与素养。另一方面要掌握思想政治教育的特征、规律和话语。学校要通过思想政治教育理论专项能力提升计划帮助教师了解思想政治教育的基本规范和基本要求，使其能够主动结合专业课的设计与教学活动的实施，内化思想政治教育核心原则和要求，深度开发教材，挖掘其中的思想政治教育因子，优化开展思想政治教育的方式方法，实现思想政治教育素养与专业课程理论素养的有机对接。

（三）以分类指导与融合联动提升专业课程教师的课程思政教育教学能力

专业课教师课程思政教育教学能力主要包括以下三个层面：一是深入挖掘专业课程自身思政元素的能力。高校在兼顾专业课程知识体系和课程思政建设效果的基础上，形成分层分类的具体指导策略，引导广大教师找准育人着力点，运用马克思主义的立场、观点和方法分析解决问题，挖掘专业课程中更多可以引领学生价值观念的"知识硬通货"，释放课程思政资源的育人生产力。[①] 二是有机整合课程思政元素的能力。专业课教师要结合具体的学科专业特点，精心把握好课程思政教学的时度效，采取有针对性的策略整合课程思政元素，修订每门课程的教学大纲，明确专业课程中的思政建设目标。如历史学专业要以马克思主义为指导，深入挖掘中华优秀传统文化和革命文化，讲好中国故事，将社会主义核心价值观教育融入专业课程。三是优化教学呈现能力。教师在课程思政实施过程中，以融合与联动为突破口，主动匹配学生的兴趣点和情感共鸣点，确立其开展课程思政教学的重要支点和关键抓手，注重理论话语的生活化转化和影像化传播，不断提升运用新技术、新方法开展课程思政教学的能力。要把专业课程教材、教案、内容、方法、话语、载体和资源等要素实现有机联动，推进自身教学要素优势的系统联动与整合重组，将其多姿多彩的教学呈现转化为

---

① 李勇，邱静文：《推进专业课教师开展课程思政建设的思考》，《学校党建与思想政治教育》2021 年第 8 期。

课程思政的育人优势，从而实现二者的向心聚合与浸润融合。高校及专业学院要通过开展集体备课与研讨、打造金课、设立课程思政教改课题等形式，促进高校教师综合素质不断提升，真正实现育人能力和教学能力的相互促进，切实提高高校教师课程思政的教育教学能力水平。

（四）以正向激励与规范监督完善专业课程教师的课程思政保障体系

课程思政建设作为高校一项复杂的系统工程，其中的教师素质的提升以满足课程思政建设需要，健全教师保障体系最为关键。课程思政建设的保障机制需要从建构驱动机制和评估机制双重维度切入，建立健全以激励为内核的正向驱动机制和以监督为内核的规范约束机制。

一是建立多渠道、多层次、立体化的课程思政教师素养能力提升体系。邀请课程思政建设教学名师、相关研究领域知名专家学者、全国模范教师典型人物等，依托课程思政教学实践基地和网络学习平台，在专业课程教师中全面覆盖理论素养培训、教学实践示范、人格魅力熏陶等活动，特别要注重对骨干教师、教学能手、教学标兵思想政治教育素养能力的培养，发挥其榜样示范、以点带面的作用，逐步实现专业课程教师思想政治教育素养能力的高效提升。二是制定科学、规范、完善的奖励机制。高校可以围绕课程思政教学设置奖励办法，增加课程思政教学在专业课程教师的业绩考核、评奖评优、职称晋升等方面的比重，引导教师积极自觉而非动员式地参与课程思政建设；组织开展课程思政示范课、精品课、观摩课的评选；设定课程思政教学标兵、教学能手、教学新秀等荣誉称号，使课程思政成为与教师切身利益、荣誉表彰等密切相关的重要事项。三是健全课程思政建设监督管理办法。通过制度的规范，加强对课程思政各环节及各方面工作的监测、规范和评估。要将思想政治教育的基本要求纳入专业课程的教学大纲和教学管理，严格规范课程思政建设的课堂组织、教学安排、内容呈现、方法运用等。依托教学督导机构，建立课程思政建设督查委员会，对各专业课程教师的教案进行随机抽查，对课堂教学进行旁听督导，对教学效果进行考核评价，对未达到课程思政教学标准的教师进行谈话、批评、通报等，推进课程思政建设的常态化、规范化和制度化。

论核心素养在高中历史
教学设计中的融入

——以《中外历史纲要》为例

赵辉兵　戴　畅

【摘要】　统编高中历史教材《中外历史纲要》和《普通高中历史课程标准》（2017 年版 2020 年修订）的先后发行与颁布，使得以统编高中历史教材为"经"，以涵养历史学科核心素养为"纬"，将新课程标准融入乃至"神入"到高中历史课堂势在必行。这就亟须一线高中教师认真领会新课标精神，切实理解五大核心素养与历史课程目标，这样才能吃透教材内容，涵养学生的历史学科核心素养。具体来说，就是要教师做到：认识和领会唯物史观的唯物性、历史性与辩证性；把握时空观念的先后时序与历史地理以及时空的统一性；确保史料信实可靠；历史解释要追踪溯源、讲清兴衰成败，评价理性客观；家国情怀要有对家庭、社会、民族、国家与人类社会的深情大爱。

【关键词】　高中历史教学；核心素养；融入

随着统编高中历史教材《中外历史纲要》（上）和《中外历史纲要》（下）于 2019 年 8 月和 12 月的先后出版发行，以及《普通高中历史课程标准》（2017 年版 2020 年修订）的印发，如何涵养历史学科核心素养，以统编高中历史教材为本，将新课程标准融入高中历史教学与教研工作当中也就成了高中历史教师与教研人员的重点与难点问题。目前学术界对核心素养和新课标的探讨较为充分，而对如何将二者结合起来，正确领会新课标精神，真正把握历史学科核心素养，切实吃透统编高中历史教材，真正做到将新课标融入乃至"神入"高中历史课堂，仍有很多具体的方面需要深入探讨。习近平总书记指出："历史是最好的老师。思政课教师的历史视野中，要有五千多年中华文明史，要有五百多年世界社会主义史，要有中国人民近代以来一百七十多年斗争史，要有中国共产党近一百年的奋斗史，要有中华人民共和国七十年的发展史，要有改革开放四十多年的实践史，要有新时代中国特色社会主义取得的历史性成就、发生的历史性变革，通过生动、深入、具体的纵横比较，把一些道理讲明白、讲清楚。"[①] 有鉴于此，笔者拟以《中外历史纲要》为例，基于教学设计的角度，以历史学科核心素养涵养为初衷，从五个方面对新课标引领并融入高中历史教学进行粗浅的探讨，挂一漏万之处，敬请方家指正。

一、唯物史观在高中历史教学设计中的指导与融入

唯物史观在五大核心素养中发挥着中心引领与核心指导作用。教师要通过高中历史课程的教学，让学生能够了解、理解唯物史观，并运用唯物史观进行历史学习与现实关怀，进而能够做到以唯物史观为指导，认识和思考现实生活中遇到的问题，尽可能做到学以致用、知行合一。

要让学生"了解唯物史观的基本观点和方法，包括人类社会形态从低级到高级的发展，生产力和生产关系之间的辩证关系，经济基础和上层建筑之间的相互作用，人民群众在社会发展中的重要作用等"[②]。对此，北京师范大学的朱汉国教授认为，我们不宜苛求高中阶段的学生能够全面掌握这一"博大精深的理论体系"，但起码应该了解下面六点："第一，社会存在决定社会意识；第二，生产力决定生产关系；第三，经济基础决定上层建筑；第四，正确运用阶级分析法；第五，人民群众是历史的创造者；第六，人类社会形态经历了从低级阶段向高级阶段的发展。"[③]

而在学生了解之前，教师必须在教学设计中，针对具体教学内容，选择并凸显具体的唯物史观的基本观点，并将其融入课堂教学当中。比如，

---

① 习近平：《论中国共产党历史》，中央文献出版社，2021年，第11-12页。
② 中华人民共和国教育部：《普通高中历史课程标准（2017年版2020年修订）》，人民教育出版社，2020年，第6页。
③ 朱汉国：《历史学科核心素养释义》，《历史教学》2018年第5期，第6页。

《中外历史纲要》（上）第 1 单元第 1 课《中华文明的起源与早期国家》和《中外历史纲要》（下）第 1 单元第 1 课《文明的产生与早期发展》，就能很好地反映人类社会及其形态的起源与发展经历了从低级到高级、从蒙昧到野蛮以至文明的历程。

这就要求教师在教学设计中，要善于创设情境，特别是现实生活的情境创设，要做到理论联系实际，让学生有学有所用、经世致用的获得感和满足感，进而增强学习的兴趣与动力。一言以蔽之，就是要让学生具备正确运用唯物史观认识、理解、分析并评价历史问题的核心素养。

二、时空观念在高中历史教学设计中的融入

时空观念强调历史时间和历史空间又具有很强的统一性，不宜任意割裂，这就是要学生"准确掌握历史时序"，并生成"将历史事物置于特定历史环境下进行分析的能力"[①]。

具体到实际的教学设计中，就要求教师要准确理解历史时序与空间位置。以《中外历史纲要》（下）第 8 单元第 18 课《冷战与国际格局的演变》为例，基于时序观念的涵养而言，在讲述两极格局的形成过程时，就需要吃透教材内容，同时也要敢于质疑教材，并重新理顺历史事件发生的先后时序。教材中的顺序是：政治上，1947 年 3 月 12 日杜鲁门在国会发表被称为"杜鲁门主义"的演说，是冷战发动的标志；经济上，1948 年 4 月 3 日杜鲁门签署并正式实施马歇尔计划，即《欧洲复兴计划》；军事上，1949 年 4 月 4 日"北约"的建立和 1955 年 5 月 14 日"华约"的成立；地缘政治上，1948 年 6 月 24 日至 1949 年 5 月 12 日爆发的第一次柏林危机。[②] 而基于时空观念，特别是时序观念的涵养而言，应该如是讲述：1947 年 3 月 12 日"杜鲁门主义"的发表按下了冷战的启动键；落实到行动上就是 1948 年 4 月 3 日正式实施马歇尔计划，联欧反苏；由此，引发了苏联采取封锁西柏

---

① 朱汉国：《历史学科核心素养释义》，第 4 页。

② 注：教材不仅没有将主要历史事件精确到日，而且没有提及第一次柏林危机发生的时间。涉及上文提及的主要历史事件的时间，以第一次柏林危机为例，参见 https://www.britannica.com/event/Berlin-blockade；教育部组织编写：《普通高中教科书历史必修·中外历史纲要（下）》，人民教育出版社，2019 年 12 月，第 110 页。

林的行动，进而以美英为首的西方国家采取了反封锁的大规模空运行动，是为1948年6月24日至1949年5月12日的第一次柏林危机；这次危机的后果就是加剧了两大阵营的对立，最终形成了军事上的"北约"和"华约"组织，至此两极格局形成。

三、史料实证在高中历史教学设计中的融入

史料实证向教师提出了三项要求：一是认识并知晓什么是史料；二是要搜集、整理并辨别史料；三是运用史料，并由此进行合理的历史分析，形成相应的理性的历史认识。具体到教学当中，就是要求教师在教学设计中，要"拿史料说话"①，凡事要讲证据。在教学设计中要遵循以下原则：一是论从史出，论之有据；二是孤证不立，史料互证，二重证据（即纸上文字材料与地下考古材料）；三是摆事实，讲道理，也要通人情，即要合情合理，若有不合人情之处，当思，不合理性之处，当考；四是读史得间，要注意字与字、句与句、段落与段落、子目与子目、课与课、单元与单元之间的旨趣，切不可望文生义，断章取义；五是一手史料优先，二手史料为辅；六是教史严谨，如履薄冰，如临大敌，战战兢兢。简言之，就是要教育学生具备认识、理解、收集、整理、辨析史料并运用史料来进行历史学习和探究的能力。

以《中外历史纲要》（上）第1单元第2课《诸侯纷争与变法运动》为例，讲到"孔子和老子""百家争鸣"时，在如何理解儒家、墨家、道家、法家之要旨时，教材未能提供相应的史料支撑。这就需要我们进行适当的史料实证。在此，我们引用司马迁在《史记》中收录的其父司马谈所著《论六家之要指》则比较适切，即"儒者博而寡要，劳而少功""墨者俭而难遵""法家严而少恩""道家使人精神专一，动合无形，赡足万物"。② 至于百家的具体情况，教学时教师可以因教而异，因地制宜。

---

① 朱汉国：《历史学科核心素养释义》，第7页。
② ［汉］司马迁：《史记·太史公自序》，中华书局，第758页。

四、历史解释在高中历史教学设计中的融入

"历史解释"就是要让学生能够追溯历史的原因与背景，叙述历史的兴衰沉浮与来龙去脉，评析其影响与意义。

具体到教学设计当中，就是要让学生学会运用因果分析，对历史问题进行条分缕析，做到《新文科建设宣言》中所倡导的"不忘本来、吸收外来、面向未来"。换言之，就是要让学生知晓人类社会、民族国家是如何从过去发展过来的，现在怎样，进而为未来如何走提供参照。以《中外历史纲要》（下）第4单元第9课《资产阶级革命与资本主义制度的确立》为例，在"英、美、法资产阶级革命""资本主义制度的确立"和"资本主义的扩展"时，三者之间存在着明显的因果相续关系。在英国、美国和法国的资产阶级革命之间也存在着一定的因果联系与先后时序关系，即1688年的"光荣革命"是美国独立战争和美国革命的重要历史背景与动因之一，正是因为有了"光荣革命"，作为远在帝国边陲的、同为盎格鲁-撒克逊裔的北美白人殖民者希望能够获得与英格兰人、苏格兰人同样的"臣民"权利；他们希望大英帝国不要搞双重标准，在帝国的中心行"光荣革命"与《权利法案》，而在帝国的边缘推行暴政，无论这种暴政是由议会还是国王来倒行逆施的。从这层意义上，需要我们注意的是，北美13个英属殖民地"造反"，一方面，它并不完全是一场"民族"独立运动（注：毕竟从种族和文化层面来看，这些白人殖民者与大西洋彼岸的英国人乃是同宗同源）；另一方面，此次"造反"或美国革命是双重革命，既是一场反对外来压迫与"暴政"，争取自由的民族独立运动，也是一场北美13个殖民地内部的资产阶级革命，经历了从来克星顿的枪声、大陆会议的召开、《邦联条例》颁布、1787年《联邦宪法》的制定以及由此而来的联邦政府的真正运转即"建国"。如果从资产阶级革命的角度来看，美国革命始于1775年，但并非终于1783年英国承认美国独立，而是至少要到1787年《联邦宪法》的制定，甚至是要到1788年美国第一届国会开始运行，1789年乔治·华盛顿宣誓就任美利坚合众国首任总统才算画上一个阶段性的休止符。同样，也正是在美国革命之风的吹拂下，远在千里之外的法国人民，也掀起了推翻"旧制度"的法国大革命。再有就是教材在讲述美国的共和制之时，也存在

着值得商榷之处。教材中写道："1787 年，美国制定宪法，确立'三权分立'原则。"① 这句话容易造成误解，实际上，美国是先有 1777 年第二届大陆会议通过，1781 年北美 13 个殖民地批准生效的《邦联条例》将过多权力留给了各州，造成孱弱的邦联国会不足以应对内外交困的危局，为了挽救这场"革命"，才有了 1787 年费城制宪会议的召开；而后者精心设计了一套拥有足够强大的联邦政府权力，又以"三权分立"予以制衡的政治体系。在此，作为教师需要知晓的是权力一分为三潜在的逻辑，恰恰是因为其权力的强大。同样，"宪法还规定美国是联邦制国家，联邦政府拥有最高权力，各州政府拥有一定自治权"②。这句话也需要批判地理解，事实上实行联邦制的美国，联邦政府与州和地方政府之间权力的消长有一个历史的过程，大体来说，美国"中央"政府较为强势的情况在 20 世纪以后才体现得更加明显，而在 20 世纪以前，特别是美国内战发生之前的州和地方政府拥有的权力既与 20 世纪以后的美国大不相同，也与世界上其他实行联邦制的国家有所不同。这就需要对"一定自治权"进行更为全面深刻的解读，1791 年批准生效的美国联邦宪法第十条修正案明确规定："宪法未授予联邦政府的权力，宪法未禁止给予各邦的权力，保留给各邦，或保留给人民。"③而 1868 年批准生效的第十四条修正案第一款规定："凡出生或归化联邦、遵守联邦法律的人，就是联邦公民，也是他们所居住的邦的公民。任何一邦不得制定和实施剥夺联邦公民特权和豁免权的立法；未经正当法律程序，任何一邦不得剥夺任何人的生命、自由和财产；在该邦的司法范围内，不得否认任何人得到法律平等保护的权利。"④ 而在美国联邦宪法第十条和第十四条修正案之间存在着张力，"以第十修正案为宪法基础，直至第十四修正案一八六八年通过前，美国处于所谓的'二元联邦制'（dual federalism）下，即州内经济和政治事务由州政府全权管辖，州际间经济与政治事务由

① 教育部组织编写：《普通高中教科书历史必修·中外历史纲要（下）》，人民教育出版社，2019 年 12 月，第 52 页。

② 教育部组织编写：《普通高中教科书历史必修·中外历史纲要（下）》，人民教育出版社，2019 年 12 月，第 52 页。

③ 《联邦宪法修正案》，载自［美］亚历山大·汉密尔顿、詹姆斯·麦迪逊、约翰·杰伊著：《联邦论：美国宪法述评》，尹宣译，译林出版社，2016 年，第 633 页。

④ 《联邦宪法修正案》，载自［美］亚历山大·汉密尔顿、詹姆斯·麦迪逊、约翰·杰伊著：《联邦论：美国宪法述评》，尹宣译，译林出版社，2016 年，第 634 页。

联邦政府管辖。第十四修正案的通过，实际上宣告了'二元联邦制'的终结的开始。"① 这就需要教师既要对 20 世纪以前，特别是对内战前美国州权的强大具有清醒的认知，也要对内战、重建和进步主义运动对美国联邦政府与州政府权力格局的影响和重塑保持正确的认识。在美国著名史学家埃里克·方纳看来，内战与重建就是美国的"第二次建国"，"变化如此之大，所以这些宪法修正案（注：第十三、十四、十五条修正案）不能仅简单地被看作是对既有结构的一种改变，而应当被认为是'第二次建国'，是一场'宪法革命'"②。

五、家国情怀在高中历史教学设计中的融入

家国情怀就是要让学生通过历史的学习与探究形成正确的世界观、人生观、价值观和历史观，就是要对生于斯、长于斯的家国乃至天下形成应有的深情大爱。就其荦荦大端而言，"一般来说，家国情怀指的是一个人对自己国家和民族，乃至整个人类前途和命运所表现出来的深情大爱"；而在世界日益联系为一个整体、一个"地球村"的当下，"具有强烈的世界意识和国际视野，具有构建人类命运共同体的抱负，应该是家国情怀的应有之义"③。同时这也是对伟大中华传统文化与悠久历史的继承与认同。家国情怀有其历史的演变历程，经历了从古代儒家的"修齐治平""家国天下""先天下之忧而忧""天下兴亡，匹夫有责"到近代以来无数仁人志士的救亡图存，争取民族独立与解放，实现民族伟大复兴，乃至构建人类命运共同体的伟大情怀与历史使命。④

落实到教学设计与教学过程当中，就需要教师尽可能做到让学生了解、认同、保有正确的家国天下意识与情感，要让学生们深深地扎根祖国大地，客观地学习并探究中外历史。以《中外历史纲要》（上）第 1 单元第 3 课

① 崔之元：《"二元联邦主义"的消亡——关于美国第十四修正案》，《读书》1996 年第 9 期。

② ［美］埃里克·方纳：《第二次建国：内战与重建如何重铸了美国宪法》，于留振译，商务印书馆，2020 年，第 2 页。

③ 徐蓝：《基于历史学科核心素养的课程结构与内容设计——2017 版〈普通高中历史课程标准〉解读》，《人民教育》2018 年第 8 期。

④ 更为具体的描述可参见徐蓝：《关于历史学科核心素养的几个问题》，《课程·教材·教法》2017 年第 10 期，第 33－34 页。

《秦统一多民族封建国家的建立》为例，这节课有三个子目："秦的统一""秦朝的暴政""秦末农民起义与秦的速亡"。本课有助于"深化对中华民族多元一体发展趋势的认识"[①]，有助于学生认同中华优秀传统文化，进而潜移默化地陶冶学生的家国情怀、文化认同、国家认同。落实到教学中，就是要"通过了解秦朝统一的业绩"来"认识统一多民族封建国家的建立"在中国历史上的意义的同时，也要"认识秦朝崩溃"的原因。[②] 而本课最大的难点就是如何认识、理解并评价秦始皇和秦制的功过得失。这在学术界历来有争论：持封建专制制度论者，大抵相当于秉持整体否定、局部肯定的理论预设；而持"高度集权的大一统帝国"和统一中央集权国家论者，往往肯定为主，否定为辅。[③] 从家国情怀的角度，如果整体否定秦制，那么从凝聚学生家国认同、中华优秀历史文化认同的角度来看的话，或多或少会起到消极作用。那么，我们如何破解这个难题呢？在此，文化自信就显得异常重要，我们既不要狂妄自大，也不宜妄自菲薄。对此，钱穆先生主张不宜简单地以"专制黑暗"来描述秦朝以后的中国古代政治制度的历史。[④] 我们也可从古希腊罗马政治哲学与思想文化方面寻找答案。无论是苏格拉底、柏拉图和亚里士多德，抑或是西塞罗、波利比阿都没有否定君主制或君主政体，更不要提它是最坏的政体了。柏拉图认为：按照美德和幸福的角度来看，王制（kingship）是最好的治理体系，而僭主制是最坏的治理体系。[⑤] 亚里士多德则在柏拉图的王者型、荣誉型、寡头型、民主型和僭主型政制的基础上，更进一步区分了两类六型的城邦（古代国家）治理体系。具体而言，区分政体类型的标准有两条：根据政体的宗旨，是以维护全体公民利益或公共利益，还是追逐私利为原则，可分为正宗政体与变态政体；根据掌握国家权力者的人数多少，又可分为一人统治、少数人统治

---

① 中华人民共和国教育部：《普通高中历史课程标准（2017 年版 2020 年修订）》，第 12 - 13 页。

② 中华人民共和国教育部：《普通高中历史课程标准（2017 年版 2020 年修订）》，第 13 页。

③ 有关不同历史时期不同论者，乃至同一人在不同时期对秦始皇与秦制的功过得失的认识也有很大的变化，可参见：王子今：《毛泽东论析秦始皇》，《百年潮》2003 年第 10 期；王静：《郭沫若评价秦始皇之管见——由郭沫若与翦伯赞的几封书信说起》，《郭沫若学刊》2019 年第 2 期。

④ 钱穆：《中国历代政治得失》，生活·读书·新知三联书店，2018 年，序，第 1 - 2 页。

⑤ ［古希腊］柏拉图著，王晓朝译，《柏拉图全集》，中卷，人民出版社，2018 年，第 298 - 299 页。

和多数人统治。① 而基于上述两条原则相互组合，又可细分为：致力于维护公共利益的三种形式的正宗政体："政体（政府）的以一人为统治者，凡能照顾全邦人民的利益的，通常就称为'王制（君主政体）'。凡政体的以少数人，虽不止一人而又不是多数人，为统治者，则称'贵族（贤能）政体'""以群众为统治者而能照顾到全邦人民公益的，人们称它为'共和政体'"；而"相应于上述各类型的变态政体，僭主政体为王制的变态；寡头政体为贵族政体的变态；平民政体为共和政体的变态。僭主政体以一人为治，凡所设施也以他个人的利益为依归；寡头（少数）政体以富户的利益为依归；平民政体则以穷人的利益为依归。三者都不照顾城邦全体公民的利益"。② 也就是说，柏拉图与亚里士多德往往首推（王制）君主政体，及至古罗马时期的波利比阿和西塞罗，尽管他们都认为混合政体——君主、贵族与共和政体三者优点的交叠——是最佳政体，但君主、贵族、共和（民主）政体都不失为良好、正义的治理体系。③ 但这些单一政体美中各有不足，"君主制的局限是掌握决策的人数少之又少；贵族制则剥夺了多数人的自由；与此同时民主制则缺少'尊尊'（grades of dignity）"④。而对于这些政体产生、发展、衰亡乃至交替循环的过程，波利比阿认为："王制源于最初的君主制（monarchy），而后产生了其变体僭主制（tyranny）；接下来是贵族制，其后继者蜕变为寡头制；而后是民主制，及其黑暗的一面暴民制（mob rule）。这样完成了一个循环。"⑤ 基于上述，我们可以得出，君主制可分为两种政体：王制或开明君主制和僭主制。关键取决于君主的行为，有道还是无道；前者为王制，后者为暴政。简言之，统一的中央集权国家的形成有其历史必然性与历史的功绩，而秦的速亡与其暴政有关，在于"政"而非"制"。

此外，在厘清暴政、封建专制与君主制之间的关系方面，当代美国著名学者迈克尔·曼教授有关国家权力的理论则提供了另一个视角，也有助于我们更加客观全面地认识古代的国家治理体系与社会政治制度。迈克

---

① 《西方政治思想史》编写组：《西方政治思想史》，高等教育出版社，2011年，第40页。

② ［古希腊］亚里士多德著，吴寿彭译，《政治学》，商务印书馆，1983年，第133-134页。

③ 《西方政治思想史》编写组：《西方政治思想史》，第63-70页；

④ Christopher Rowe and Malcolm Schofield eds. , *The Cambridge History of Greek and Roman Political Thought*, Cambridge：Cambridge University Press, 2008, p. 491.

⑤ Brian McGing, *Polybius' Histories*, Oxford：Oxford University Press, 2010, pp. 171-172.

尔·曼教授认为，国家权力可分为两类：专断性权力与基础性权力（despotic power and infrastructural power），不过它们"主要来自国家的一种独有能力，即能够在其管辖领土内提供进行中央控制的组织形式"①。专断性权力是指"国家精英得到授权，而不必同公民社会各群体进行磋商，就可见机行事的范围"；而基础性权力"即实际上国家可以渗透进公民社会，并在其管辖领土内施政的能力"②。而这种专断性权力容易与僭主制和君主制这些政体形式相混淆，实际上这种不必与社会各群体协商的自由裁断、相机行事、酌情专断的专断性权力是作为权力行为主体的所有国家共有的一种权力，与君主、贵族、僭主、寡头、民主政体是两码事；当然在不同政体、不同民族、不同国家、不同历史时代里，这种专断性权力的大小也不尽相同。换句话说，我们容易将中央集权等同于君主专制，对此必须严加辨别，慎用"专制"话语。概而言之，正确认识、评价与尊重自身的悠久的历史文化传统与优秀的中华文化是文化自信的前提与底气。

综上，在学生形成历史学科核心素养之前，需要先有具备了核心素养的高中历史教师。在当今世界处于百年未有之大变局的国际背景下，在当今中国建设社会主义现代化强国、实现中华民族伟大复兴的征程中，迫切需要"构建世界水平、中国特色的文科人才培养体系"，需要人文社会科学发挥"修身铸魂""治国理政""培元育才""美人化人"的作用；需要打破历史学、政治学、哲学、文学、经济学、管理学、法学、教育学、艺术学等学科之间的专业壁垒。③ 21 世纪的中国需要具备牢牢扎根中国、全面融入世界的"新中国人"。

---

① Michael Mann, *The Autonomous Power of the State：Its Origins，Mechanism and Results*, European Journal of Sociology, vol. 25, no. 2, 1984, p. 185.

② Michael Mann, *Infrastructural Power Revisited*, Studies in Comparative International Development, vol. 43, No. 3 - 4, 2008, p. 355.

③ 《新文科宣言》，http：//www. moe. gov. cn/jyb_ xwfb/gzdt_ gzdt/s5987/202011/t20201103_ 498067. html，2021 年 9 月 1 日检索。

关于徐淮地域优秀文化融入
历史学专业课程思政的思考

刘德州

【摘要】 在高等教育课程思政建设过程中，地域文化是重要的育人资源。徐淮地区是汉文化发源地，文化遗产、名胜古迹丰富，历史文化底蕴深厚；同时也有着丰富的红色文化资源，如淮海战役、铁道游击队、运河支队、沂蒙精神等。江苏师范大学历史学专业紧紧围绕地域文化这一主题，在课程改革、教材建设、实习实践、文化普及等方面取得了一定的成绩，但课程思政的特色和活力尚不够明显，学生调查实践能力还有待提升。有鉴于此，我们应着力提升地域文化专题课程的质量，精心提炼专业核心课程的思政育人元素，同时围绕科研实践与田野调查来推进地域文化与课程思政的融合。

【关键词】 课程思政；历史学；徐淮地域文化

党的十八大以来，高校思想政治工作不断加强，课程思政建设成为高等教育的重要任务。专家指出："（课程思政）要结合办学特点和教育规律，依托地域文化，结合大学生成长成才需要，遵循规律，做好教学实施工作。"① 近年来关于课程思政的研究，成果很多，陈华栋、陈功等学者主要围绕课程思政的重要性及开展路径展开宏观论述，张子睿、沈赤等则主要就课程思政的经典案例进行了个案探讨。但是，关于高校历史学专业课程思政建设的研究论著还较为欠缺，较具代表性的仅有杨强、吴晓莉所

---

① 沈赤：《找到从"思政课程"到"课程思政"的密钥》，《人民日报》2018年3月29日第17版。

撰二文，其中杨文关注到了地域历史文化在课程思政实践中的重要意义。① 另外，王德炎针对地域文化与课程思政建设的路径，也提出了初步思考。② 总体来看，学界针对课程思政的重要意义已有充分的认识，相关课堂教学的案例也深具启发性，不过还有以下几个层面的问题亟须进一步探讨：关于高校历史专业课程思政建设的专题探讨还较少，缺乏代表性的案例设计；关于地域文化的讨论较少涉及专门的区域，尤其对文化资源丰富的徐淮地区尚未有深入调研；地域文化与课程思政的融合研究大多停留在抽象的理论层面，还未见有针对性的案例分析。笔者在教学实践过程中，结合地方史的研究，对此问题有一些思考和探索，因而撰写此文，以期抛砖引玉。

一、现有基础及存在的问题

江苏师范大学历史学专业办学历史悠久，师范底蕴深厚。学校所处的徐淮地区，是汉文化发源地，文化遗产、名胜古迹丰富，历史文化底蕴深厚；同时也有着丰富的红色文化资源，如淮海战役、铁道游击队、运河支队、沂蒙精神等。近年来，历史学专业立足于区域，将"厚植文化底蕴，彰显楚风汉韵；传承红色基因，弘扬淮海文化"作为人才培养的特色之一，如何将地区优秀文化有效融入历史学专业课程思政实践中，成为本科育人的重要课题。

在过去几年中，我们紧紧围绕地域文化这一主题，依托汉代历史文化研究中心、淮海红色文化研究中心等平台，在课程改革、教材建设、实习实践、文化普及等方面取得了一定的成绩。

在课程与教材建设方面，历史学专业组织教师团队，常年为全校本科生开设"汉文化传承"校本课程，2020 年拍摄并上线高水平在线开放课程；举办以"礼赞红色经典，传承革命文化"为主题的红色经典诵读比赛；为

---

① 杨强：《高校地域历史文化课程思政的探索与实践》，《湖南人文科技学院学报》2019 年第 4 期；吴晓莉：《高校历史学科课程思政改革与创新——以"中国近代史"课程思政建设为例》，《黑龙江教育（理论与实践）》，2021 年第 1 期。

② 王德炎：《地域文化与课程思政的融合创新研究》，《绵阳师范学院学报》2020 年第 10 期。

历史、旅游、文产三个专业开设"秦汉史""徐州通史""汉代旅游文化"等选修课；开展"汉魂红魄：徐州地域文化传承"主题征文；《汉代历史文化概论》获批校级教材立项，《淮海红色文化概论》获批校开放课程建设立项校本课程。在教师的科研成果方面，近年出版的《秦汉史编年》《徐州简史》《徐州古方志丛书》等，都能够有力支撑和反哺教学。

我们还积极参与徐州市委、市政府着力打造的"舞动汉风"工程，精心编纂的《徐州简史》是徐州市中小学普遍使用的乡土教材，受到高度好评，同时也是在徐高校相关校本课程和专业选修课的重要参考书。对淮海战役革命人物及革命遗址、遗迹、文物等进行调查研究，相关报告被省委宣传部采纳。学院教授多次做客徐州电视台《彭城古今大讲堂》栏目，积极在云龙书院举办学术讲座，丰富了徐州市民的文化生活，对于继承和发扬优秀传统文化做出了贡献，引起了热烈反响。

深入剖析过往的工作，我们发现在地域文化与课程思政建设的结合方面还存在一些问题，主要体现在两个方面：课程思政的特色和活力尚不够明显，学生调查实践能力有待提升。我们的人才培养方案和课程体系主要还是侧重于通才的培养，与地方实际的结合度不够高，未能在本地区形成鲜明品牌，服务于地方的能力尚待提升。现有的乡土教育、红色教育类课程仍存在定式化的问题，教学模式以自上而下的宣传为主，缺乏自下而上的主动参与，地域文化课程体系尚未建立起来，教育方式也偏于单向灌输，课程思政建设成效尚不显著。在学生的调查实践能力方面，专业教学过程中偏重课堂讲授，教学内容过于理论化，学生学习主动性不高，动手能力不强，教学、科研、社会服务的衔接还不够顺畅，校外实践、社会服务路径亟待拓展。

有鉴于此，我们有必要深入思考，如何紧紧围绕全面提高人才培养能力这个核心点，结合学校、专业实际，充分发掘地域文化资源，做好课程思政的内容供给，大胆探索实践，突出特色，让课程思政案例鲜活、充满生机，使学生切身感受其中的乡土情怀与爱国主义精神，并发自内心地认同和弘扬。在此基础上，探索构建自下而上、积极主动的思政育人模式。教师要通过组织各类实践活动，使学生深入田野，切实体悟历史发生的根源、过程、结果及其对当前社会的影响，提升思想政治教育的亲和力和针对性，满足学生成长发展的需求和期待，使历史学专业课程与思想政治理论课同向同行，形成协同效应。

二、专业课程的创新探索

围绕地域文化、课程思政这两个主题，我们的专业课程建设面临着新的课题，需要不断革新课程体系和课堂教学内容。笔者认为，其中主要包含两个重点：一是地域文化专题课程的开设和质量提升；二是专业核心课程的思政育人元素提炼。

区域史是历史学科的重要研究方向之一，在专业课程中开设相关课程本身就符合专业建设的要求。徐淮地区地当冲要，阻山带河，是"千古龙飞地，一代帝王乡"，在政治史、军事史、经济史上有着重要影响；同时还是多元文化荟萃之地，先秦时期，楚文化、齐鲁文化、吴文化、淮夷文化先后在此产生深远影响，汉朝建立后，发达的社会经济有力地带动了文化的高度繁荣，徐淮地区儒学极盛，宗教活跃，成为当时的文化重镇。从必要性和可能性来说，我们都应该打造出特色鲜明的系列地域文化专题课程。我们先前开设的"徐州通史""淮海红色文化概论"等课程，已经做了较好的尝试，但是，在课程数量及课程内容的丰富程度上都还有较大的提升空间。我们一方面可以继续探索增设"徐淮区域社会史""徐淮考古与文化"等专业选修课程，另一方面则应着重思考如何站在国史、通史的宏观视野审视徐淮地域史。

历史专业课程具有天然的思政育人属性，以史为鉴、唯物史观、爱国主义等都是较为显著的思政育人元素，尤其是在中国史专业课程中，这些元素涵盖政治、经济、军事、文化、社会生活、民族关系等方方面面，对于学习者树立文化自信、培养爱国情怀、坚定中华民族伟大复兴的信念等效果显著。举例言之，中国古代史中蕴含着的丰富的治国理政的经验，如历史上的监察制度、廉政文化，对当前推进反腐倡廉工作具有重要借鉴意义；又如中华文明源远流长，孕育了中华民族的宝贵精神品格，培育了中国人民的崇高价值追求，其中诸如"人生自古谁无死，留取丹心照汗青"的献身精神，"贪利者害己，纵欲者戕生"的自省精神等，都体现了中华民族的优秀传统文化和民族精神，值得学习和继承。2018 年 6 月，习近平总书记在山东考察时指出："我国古代史、近代史、现代史构成了中华民族的丰富历史画卷。领导干部要多读一点历史，从历史中汲取更多精神营养。"①作为历史学专业的教育工作者，我们要善于运用这些优势，扎实做好课程思政。与此同时，在专业核心课程中，可适当融入地域元素，以案例的形式让思政元素更丰富、更生动。

三、实践教学质量的提升

实践教学的重要性在当下已经得到了充分的重视，作为传统人文学科，历史学也应大力提升实践教学的质量，尤其是学生学科素养、科研能力的培养，既要注重理论学习和文献阅读，也不能忽视动手能力，以及对现实问题的关怀与思考。在全面推进课程思政建设过程中，要着力构建全过程、全方位的育人格局，实践教学是必不可少的一个重要环节。实践教学在课程思政建设过程中具有不可替代的优势，如果精心组织、操作规范，可以充分激发学生的主动性和学习兴趣，使思政育人深入浅出，让学生喜闻乐见。

本文主要围绕科研实践与田野调查来谈谈如何做到地域文化与课程思政的融合。在科研实践方面，重点围绕大学生创新项目和学术论文做文章，组建团队作徐州古籍、徐州碑刻的调研、搜集、整理与研究，赴徐工集团、徐矿集团等作以"四史"为主题的口述史项目，赴周边乡村作乡村振兴、乡贤文化等方面的调研，在此基础上，结合本科生导师制项目，开展学术征文活动，促动学生积极开展专业研究和学术探讨。以此为基础，指导学生撰写一批较高水平的学年论文、毕业论文，切实提升学生的逻辑思维能力、写作能力、反思能力。

在田野调查方面，着重帮助学生了解社会实际，服务社会现实，培养问题意识。我们可以以徐州为中心定期系统开展田野调查，同时关注淮安、枣庄、淮北等地，以近代军事、乡村风俗、运河文化、水利交通为主题，搜集图像、文本等资料，在追踪研究中综合使用问卷调查、深度访谈、自然观察等方法，以此来提升学生的社会交流能力、问题洞察力，帮助学生

---

① 《切实把新发展理念落到实处　不断增强经济社会发展创新力》，《人民日报》，2018年6月15日第1版。

切实感受个人与社会、与国家民族的紧密关系。当然，这对我们的课程设置也提出了新的要求，一方面要增设社会实践类课程，另一方面增加历史人类学、社会学等方面的知识。在此基础上，要融合历史学、教育学理论，探索线上线下混合教学等课堂教学模式改革。

作为近年来教育领域的热点问题，课程思政建设需要我们每一位教育工作者认真思考，有效落实。作为地方院校，立足区域，合理利用地域资源，是我们提炼特色、提升效果的便捷途径，只要我们做到坚持学生中心和教师主导相统一，充分调动学生和教师的聪明才智，一定可以打造我们自己的课程思政品牌。

"淮海红色文化概论"的
思政功能及课程建议

王亚民

【摘要】　"淮海红色文化概论"是一门极具思政功能的开放型课程，顺应了当前思政课程机遇与困境并存的客观形势。淮海红色文化的内涵十分丰富，不仅在地方红色文化中颇具代表性，而且具有特殊而重要的教育功能，为有效保障其思政功能的发挥，可将慕课、现场教学、"故事"型讲授融入其中，借以实现线下与线上、课内与课外、实例与理论的有机结合，以期彻底打破传统翻转式教学与灌输式教学的弊端。

【关键词】　淮海红色文化；丰富内涵；概论；思政功能；课程建议

一、当前思政课程面临的机遇与困境

伴随着社会主义物质文明与精神文明的并行发展，尤其是社会主义和谐社会的稳步推进，包括思想教育在内的精神文明建设如同经济建设一样日益受到重视，这为高校思政课程的建设提供了难得的历史机遇，毕竟当代中国的大学培养出的是德智体美劳全面发展的复合型人才与又红又专的社会主义接班人，这是始终不移的最高教育原则。

今人指出，新时代高校思政课程改革面临的问题主要包括三方面：第一，课程理念相对落后；第二，课程资源较为单一；第三，教学方式固化。① "淮海红色文化概论"课尽管带有一种地方红色文化的色彩，却具有

---

① 吴海翠：《高校思政课程改革面临的问题及解决对策》，《中学政治教学参考》2021 年第 23 期。

特殊的重要思政功能，笔者试就"淮海红色文化概论"公选课思政功能发挥的具体路径略作探析，不当之处敬请指正。

二、淮海红色文化的丰富内涵与教育功能

淮海红色文化是革命时期中国共产党领导广大淮海人民，把马克思主义普遍原理和区域社会实际相结合，在艰难困苦的战争岁月和局部执政的情况下积淀形成的一种区域文化。其是革命时期当地中国共产党人及革命群众的基本"生活样态"，是革命时期淮海地域文化的一种特殊形态，蕴含着丰富的革命精神和厚重的历史文化内涵。

淮海红色文化的基本内涵十分丰富，大致划分为淮海红色军事文化、淮海红色党建文化、淮海红色根据地文化、淮海红色教育文化、淮海红色支前文化、淮海红色精神文化六个大类。以红色军事文化为例，主要包括淮海战役、孟良崮战役、运河支队、铁道游击队等鲜活的军事文化个案。以上使得淮海红色文化的教育功能十分突出，下文仅以彪炳千秋的淮海战役精神为例。

淮海战役的宏大场景与历史硝烟虽然早已逝去，但其遗留下的伟大精神仍然熠熠生辉。我们觉得，淮海战役的精神遗产主要由以下四个方面构成，即听党指挥团结协作的政治觉悟、敢于决战以少胜多的大无畏革命精神、勇于牺牲英勇顽强的作战风格、作风优良军民一体的人民战争意识。其中，听党指挥团结协作的政治觉悟是根本，敢于决战以少胜多的大无畏革命精神是灵魂，勇于牺牲英勇顽强的作战风格是核心，作风优良军民一体的人民战争意识是精髓。

（一）听党指挥团结协作的政治觉悟

以毛泽东军事思想为指导的党中央军事委员会，面对敌强我弱形势下空前规模的战略决战的新情况、新问题，依据实事求是的无产阶级工作作风与"将在外君命有所不受"的战争通则，审时度势，英明决策，决定成立党、政、军合一的总前委，由刘伯承、陈毅、邓小平、粟裕、谭震林五人组成，刘、陈、邓为常委，有权临时处理一切军政大事，统一指挥两大野战军的联合作战，全力进行淮海战役的大决战。由此，我军的战争机构变成了双中心指挥机制，即党中央为中心的战略指挥中心、总前委为中心

的战场指挥中心，二者相得益彰，始终保持着后方中央战略意图与前线总前委战场指挥的有机统一，形成总前委建议与党中央决策的科学指挥机制，能够依据敌我战场形势变化，自始至终掌控住战争的主动，有力地保障了两大野战军的战略协作与战役的顺利进展。

中央战略指挥方面，针对战场的最新态势，尤其是成功合围敌军一个兵团的有利战机，中央军委果断做出重要指示："你们淮海战役第一个作战，并且是最主要的作战，是钳制邱、李两兵团，歼灭黄（黄百韬）兵团。"① 这一战略决策极大地鼓舞了全军士气，增强了围歼黄百韬兵团的信心。在战场指挥方面，依据变化后的战场格局，面对瞬间即逝的重大战机，总前委再次向中央提出重大建议：首先歼灭黄维兵团，然后围困徐州的杜聿明集团，同时，防范刘汝明、李延年两大兵团的北上增援。刘伯承司令员总结后形象地指出，这是吃一个（黄维兵团），夹一个（杜聿明集团），看一个（刘、李两增援兵团）。② 这一重大战略性建议为中央军委采纳并及时地予以回复。由此，上下同心而密切协作、兵贵神速而主动出击、士气高涨而战法灵活，成为我军始终处于战略主动的根本所在。

（二）敢于决战以少胜多的大无畏革命精神

如果说听党指挥团结协作的政治觉悟是淮海战役精神的根本，且有力地保障了野战军之间、野战军与地方部队之间、战场与后方、陆上决战与海上侧翼安全的协作关系，那么，敢于决战以少胜多的大无畏革命精神则是淮海战役精神的灵魂。

这首先表现在总体上敌强我弱的不利态势之下，在中央军委的统一指挥之下，借助诱使敌军误判我军主力方位的大好时机，解放军各路大军秘密夜行从各个方向扑向徐州，敌军仓促撤退、被动防御，这拉开了淮海战役的第一阶段的序幕：围歼黄百韬兵团。我华东野战军利用黄百韬兵团耽搁行军速度之机，尤其是贾汪起义的战机，快速调动士气高涨的部队长驱直入，日夜急行军，首先在山东兵团的配合下切断其退路，之后又极为神速地抢占碾庄与徐州之间的曹八集等各战略要地，早于黄百韬兵团两天完

---

① 淮海战役纪念馆：《中共中央革命军事委员会第一阶段的部分指示：1948 年 9 月 48 日中央军委致饶漱石、粟裕、谭震林电》，徐州：淮海战役纪念馆第一阶段展厅，2018 年 10 月 6 日采集。

② 淮海战役纪念馆：《第二阶段：围歼黄维兵团　合围杜聿明集团》，徐州：淮海战役纪念馆第二阶段展厅，2018 年 10 月 6 日采集。

成战略合围；与此同时，我中原野战军又大胆地推行战略穿插，攻占敌军防备空虚的战略要地宿县，切断了徐州守军向蚌埠的退路；如此一来，即将敌军精心布置的所谓的"一字长蛇阵"彻底打破，从根本上打乱了蒋介石所谓的"徐蚌会战计划"。面对此种极其有利的战机，在中央军委与总前委的统一指挥之下，以及打援部队阻击邱清泉、李弥两大兵团的密切配合，华东野战军主力果断地将黄百韬兵团全部歼灭于碾庄地区，由此可见我党、我军敢于决战以少胜多的大无畏革命精神。

战役的第二阶段，针对蒋介石最大的一个机动主力黄维兵团加入淮海作战而致使战役规模进一步扩大的新的战场形势，尤其是在未能得到李延年兵团、刘汝明兵团的协同配合而又位置突出的情况下，贸然进攻的黄维兵团遭受我军顽强阻击而无法实现打通蚌埠与徐州的战略意图。在极为有利的战机之下，经过总前委建议、中央军委的批准，中原野战军大胆而果断地将其战略包围，之后，在兵力不足的情况下顽强地打退黄维兵团的全力突围；与此同时，华东野战军及时地将放弃徐州转进西南，进而企图解救黄维兵团的更为庞大的杜聿明集团，包围在永城东北陈官庄地区。至此，歼灭黄维兵团的时机业已成熟，最终在强大的中原野战军与华东野战军的合力围攻之下，号称国军精锐的黄维兵团全军覆灭，淮海战役的大势已成定局，由此再现我党、我军敢于决战以少胜多的大无畏革命精神。

综上所述，尽管敌我双方兵力对比我方处于劣势，然而在中央军委、总前委的英明决策与统一指挥，以及其他兄弟部队的有力支援之下，上下同心而英勇善战的我华东、中原两大野战军兵贵神速、密切配合，或者勇于展开对强敌的大规模战略性进攻而创造出宝贵的战机，或者面对强敌勇于展开空前规模而又极为惨烈的顽强阻击，或者无畏前后之敌的严重威胁抢占战略要地而实现对敌军的分割包围，或者敢于围歼庞大而又装备精良的敌军精锐集团，都凸显出我军敢于决战以少胜多的大无畏革命精神，可谓是气壮山河。正如时任华野某排副排长的金正新将军在回忆中所说的："淮海战役参战部队全体指战员，他们不怕牺牲，敢于打大仗、打硬仗，不怕敌人的飞机、大炮、坦克、毒气，表现出了一往无前、压倒一切的英雄气概。"①

---

① 金正新（讲述）、孙景（整理）：《纪念淮海战役胜利70周年之口述史》，《徐州日报》2018年10月22日第4版。

（三）勇于牺牲英勇顽强的作战风格

在波澜壮阔的淮海战役的宏大历史场景中，无论大兵团之间的对抗，还是基层作战单位发起的激烈战斗，人民军队勇于牺牲、攻坚克难的大无畏精神表现得淋漓尽致。

例如，规模最大而又极为激烈的对抗邱、李两兵团的徐东阻击战，使得装备精良的敌军进展十分缓慢，每天向前推进不到两公里；再如，在歼灭黄百韬兵团的最后一战中，华东野战军人民战士冒着敌人猛烈的炮火尤其是极其凶悍的火焰喷射器，通过人力临时架起的浮桥，前仆后继地抢占敌人阵地的战斗，倒下一批战士之后又默默地冲上一批；复有，在歼灭黄维兵团的战斗中，中原野战军某部三营营长在即将胜利的一刻，由于敌人猛烈的炮火覆盖而英勇牺牲。① 口述史料方面，时任中原野战军某营政治教导员的左三星将军，在回忆中说道："村里打得热火朝天，我们前后被夹击，我们的人一个个牺牲，但是我们营的战士却没有一个后退。"②

综上，这种勇于牺牲、攻坚克难的大无畏精神既呈现出一种伟大的革命风貌，又不失为一种崇高的担当意识；既弥为珍贵，又是多种因素综合作用下的历史必然。

（四）作风优良军民一体的人民战争意识

淮海战役前后，人民军队的士气空前高涨，人民群众参军参战而保卫胜利果实的热情也迅猛增长，华东、华北两大解放区由于济南战役的胜利而连成一片，党中央对军队与各解放区的统一与坚强领导不断加强，地方党委政府与军队的关系、党群关系、党政关系、军民关系、官兵关系更加和谐，如此形成了党、政、军、民空前团结的淮海战役精神，这使得人民战争的机器得以顺利而高速运转，其凝聚成的能量无限扩大，成为取得战役胜利的关键所在。

时任华东野战军某连政治指导员的迟浩田上将，在回忆中说道："全党一心全军努力，民心基础根深蒂固。这场胜利离不开主席的英明指挥，离

---

① 吉视传媒：《大决战——淮海战役》，中共吉林省委组织部"e 支部"，"云课堂"影视栏，党课学习内容，2018 年 5 月。

② 左三星、李柱（整理）：《重忆大王庄一战》，徐州：淮海战役纪念馆正门外部展览处，2018 年 10 月 6 日采集。

不开人民群众的支援，离不开总前委的指挥，离不开战士的英勇顽强。"①尤其是轰轰烈烈的土改运动，使的广大农民保卫胜利果实的热情高涨，积极参军、参战、支援前线，这不仅成为民心向背的关键，更为人民解放战争的胜利提供了强大的后勤保障与战略支撑。

综上所述我们觉得，无论对于高校学生抑或各类参加培训的干部与人员，该课的思政功能主要体现在以下两个方面：

其一，党、政、军、民空前团结的会战精神之所以形成，与党强大而统一的集中领导与地方发挥积极性的政治原则有关，与中国共产党的先进性与新型人民军队的进步性有关，与人民群众保卫胜利果实的热情与军爱民、民拥军的历史传统有关，以上对于加强党的先进性教育、党群关系教育等都具有重要而特殊的作用。

其二，在中华民族快速走向伟大复兴的当代中国，迫切需要一种伟大的时代精神，而时代精神的勃发源于诸多历史与现实因素，博大精深的红色文化精神即是其一，其对于进一步加强集体主义、爱国主义、共产主义教育，对于培育新时代所需的听党指挥的政治觉悟、作风优良的公仆风貌、敢于决战的攻坚精神、勇于牺牲自我的担当意识，具有十分重要而又特殊的作用。

三、"淮海红色文化概论"公选课思政功能发挥的具体路径

"淮海红色文化概论"可以设计为一种包括学校与社会在内的开放课程，是大学生以及社会相关受训人群需要学习的思想教育课程。

这一课程可以为受众传授淮海红色文化方面的基础知识，拓宽地方知识特别是红色文化知识的学习领域，培育集体主义、爱国主义与共产主义精神，提高受众的政治思想觉悟，更好地打造出一支又一支又红又专的大学生队伍与红色干部队伍，以助于精准落实我们党"不忘初心"的时代号召与政治要求。

为有效发挥其思政教育功能，特提出以下实施的具体路径。

---

① 迟浩田：《兵民是胜利之本》，徐州：淮海战役纪念馆正门外部展览处，2018 年 10 月 6 日采集。

　　首先，使用"慕课"的教学模式，线下教学与线上教学有效结合，力争消除以往翻转式教学、灌输式教学等的弊端，努力实现课程讲授模式的创新。

　　当前，这种日渐流行的教学模式十分符合受众的需求，一方面能够使得他们提前了解所要选择的课程，具体包括课程教学目标、学习的意义、大纲目录、具体内容、教学方法、问题设计、考核方式等；另一方面则可以通过课程设计尤其是预先展示的慕课（小节）等，产生一种学习动机，认识到课程的重要性。

　　其次，使用"现场"式的教学模式而又将课内教学与课外教学有效结合，进一步消除以往翻转式教学、灌输式教学等的弊端，努力实现课程讲授模式的创新。

　　"淮海红色文化概论"这门课与众多红色旅游资源密切相关，可借助极为丰富的红色旅游资源使学生更为直观地感受红色文化的熏陶，实现课内教育与课外教育的有机结合，加深对受众爱国主义、集体主义、社会主义等方面的教育。

　　最后，使用"故事"教学模式，将生动实例与理论学习有机结合，将教师对红色故事的讲授与受众人群对红色文化故事的理解有机结合，加大讲授者、受众人群之间的互动与交流，激发受众人群的学习兴趣，增强课堂教学效果。

　　总之，慕课课程的建设、网络教学手段的引入、现场教学与"故事"教学的教法更新等举措，有益于改变以"翻转式教学、灌输式教学"为代表的传统教学模式，可以更好、更充分地实现对受众的思想政治教育，培育出新时代需要的又红又专的社会主义事业的接班人，借此助力实现伟大的民族复兴与社会主义事业的繁荣。

星汉灿烂，若出其里

——从周版历史文选说开去

卓 越

【摘要】 周予同先生主编的《中国历史文选》教材，给予高等院校历史专业学生的营养是多维度的。就选编的整体性而言，充分展示了中国古代社会发展的连续性与一体性。中国古代史学一脉相承、赓续发展，文化创新是中国古代社会文化发展的常态。就选编的思想性而言，注意弘扬中国古代优秀的文化因子，如辩证理念、唯物史观、会通思想等。最后，于授课教师而言，经典名篇为授课教师们提供了巨大的发挥空间，教师们在寓教于学的同时，亦可以寓情于学，激发学生热爱国家与民族的历史情怀。

【关键词】 周版历史文选；经典著作；文化创新；思想内涵；历史情怀

周予同先生主编的《中国历史文选》① 一书，为高等院校历史专业"中国历史文选"课程的首选教材。这部教材自1956年酝酿编写，至1962年编成，次年即公开发行，此后又经两次修订。全书分上下两册，挑选经典史著按时间为序编为三十七个单元（上册十八、下册十九），每一单元选编"典型的历史作品"②，或一书一篇，或一书多篇，或同类数篇不等，范围广，种类多；文选"解题"部分，重点介绍书籍编纂背景、运用体例、主要观点、学术价值、流布情况、不足之处等，后附作者小传。最后为"注释"，以辅助读者阅读正文。

---

① 以下简称文选。
② 周予同主编：《中国历史文选》三版，上海古籍出版社，2013年，"前言"第1页。

这部教材编写的目的，在于"培养学生阅读并运用一般文言文史料的能力"，同时亦有益于"引导学生学好基础知识"。① 从目前大多数高校一直使用的情况来看，这部经过"多年的教学实践证明"的教材，显然有其独特的价值与功能。笔者在高校历史系从事"中国历史文选"课程的教学已有数年，在年复一年使用这部教材的过程中，随着认知的深入，愈发觉得其是荟萃两代学人智识的结晶之作，蕴含着取之不尽、用之不竭的丰富宝藏。

从宏观视角而言，本部教材既是一部中国古代学术的演绎史，亦是一部中国传统文脉的传承史，上下贯通，古今相沿。从微观角度而言，精选的典籍与文章，饱含着中国古代社会文化的元气，融经典与创新于一炉，在经典中谋求创新，再以创新成就经典；所作解题即为扩充版古籍提要（内容详尽、全面），从古代校雠学角度而言，实为学生"登堂入室"开展初步研究的便捷法门；最后的注释或注名物制度，或注地理人物，溯渊源、明出处，留存疑、贵考辨，不仅有助于学生准确理解史料的内容，提升学生的史学素养，亦通过提供开展学术研究的基本线索，有意识地启发学生探究历史的兴趣。综上，应当说这部教材所包含的文化营养元素是多角度、多方面的，对于历史专业的学生而言，正是"一部比较合适的教材"②。以下就本人管窥所及，略谈几点认识。

首先，编者坚持自觉传承中国历史文化的教育理念，把中国古代社会自主发展的历史过程与一脉相承的文化特征结合起来，作为贯穿本部教材的两大主线，目的在于强调道路自主与文化自信的统一性。具体而言，一是中国古代社会发展，由古及今，上下贯通，坚定沿着自我选择的道路前进；二是中国古代史学发展，一脉相承，绵延不绝，持续书写东方文化的神奇魅力。前者揭示中国自古以来的发展道路问题，后者展示中国古代所创造的独一无二、举世瞩目的巨大文化成就。不可否认，中国古代文化"星汉灿烂"于历史的长河，且其内蕴的"若出其里"的文化创新品质，彰显了中国文化强大的自信心。

其一，选篇时间跨度，上自先秦下迄近代，完整涵盖中国古代社会各历史时期，体现了其发展的连续性与一体性。从第一单元"甲骨文和金文"开篇，对应于殷商早期的社会文化与生产状况；第二至第八单元，选列

---

① 周予同主编：《中国历史文选》三版，上海古籍出版社，2013年，"前言"第1页。
② 周予同主编：《中国历史文选》三版，上海古籍出版社，2013年，"前言"第1页。

《尚书》《左传》《国语》《世本》《战国策》等部分篇目，对应西周至春秋战国时期的历史文化；第九至十七单元，选列《史记》《汉书》《后汉书》《三国志》《晋书》《宋书》《魏书》等部分内容，对应秦汉至三国两晋南北朝的历史文化；第十九至二十三单元，分列《史通》《通典》《通志》《文献通考》《通鉴》《续通鉴长编》《续通鉴》《通鉴纪事本末》《宋史纪事本末》等选文，对应唐宋时期的历史文化；第二十四至三十一单元，分列《明实录》《明儒学案》《日知录》《读通鉴论》《读史方舆纪要》《文史通义》《潜研堂文集》《廿二史札记》等选编，对应明末清初的历史文化；第三十二至三十七单元，节选《龚自珍全集》《海国图志》《中西纪事》《孔子改制考》《訄书》《新史学》等部分内容，对应晚清至近代以来的社会变局。纵观全书，可以说从开篇即由文字开启的东方文明与其所标识的中国文化史，通过选择不同历史时期的代表性著作，一脉延续下来，最后以梁启超"新史学"殿军。实际上，这种把中国古代不同历史时期的代表性文化作品，内嵌于中国古代社会赓续发展的轨道中，不仅展示了中国文化自古迄今的发展脉络，亦反映了中国文化源自中国道路所具的独立性。

其二，中国古代史学发展一脉相承，绵延至今。纵览选文整体编排情况，恰恰展示了中国古代史学代代相承、连续发展的整体面貌。具体说来，全书选编先秦至近代的史学作品，可细分为八个时段：一是以《尚书》《逸周书》为代表，这是关于先秦早期社会历史或事迹的档案汇编，属于中国古代史学的雏形。二是以《左传》《国语》《战国策》等为代表，这是关于春秋战国时期形成的编年、国别、档案汇编等方面的历史文献，标志着中国古代史学的初步形成。三是以《史记》《汉书》为代表，以纪传体记录秦汉时期的社会面貌，为中国古代史学的定型期。四是以《后汉书》《三国志》《晋书》《宋书》《魏书》等为代表，反映了魏晋南北朝时期史学园地百花齐放的盛况。五是首次出现对前代史学进行系统总结的理论专著《史通》，史学与政治的关系紧密起来，之后以三通、通鉴、纪事本末、实录等为代表，反映唐宋元明时期史书编纂的多样化趋势，新史体问世，旧史体完善，官修史书占据主导地位，史学资政功能更突出，为官修史学的繁盛期。六是以《明儒学案》《日知录》《读通鉴论》《读史方舆纪要》等为代表，出现了学案、笔记、史评、历史地理等不同体裁的文献类型，反映了明末清初私家反思史学的蓬勃发展。七是以《潜研堂文集》《廿二史札记》为代表，展示了清中期乾嘉考史派的治史路数，再次出现综合探究史学理论的专著《文史通义》，史学在形式上逃离政治，转入看似纯学术的研究领域。八是以《龚自珍全集》《海国图志》《中西纪事》等为代表，反映了晚清史学热衷解决现实社会危机的迫切心态，随后发展为以改造传统史学为目的的近代新史学革命。以上所分八个时段，虽然发展特点各自不同，但就其整体而言，恰恰反映了中国古代史学产生发展乃至演变的完整历史线索。

其三，有意凸显中国古代文化创新发展的时代特征，这是中国文化永葆自信的基石。本教材虽以"历史文选"命名，实际上其所选编的文选范围，并不仅限于严格意义上的历史类史籍，经史子集乃至甲骨金文，可谓无所不包，皆有兼顾，其背后用意，不仅在于多维度展示中国古代史学面相，更在于强调创新性是中国古代史学固有的文化基因，这也是中国古代史学一以贯之、赓续发展的根本原因。如第四至九单元，选编《左传》《国语》《世本》《战国策》《楚辞》《史记》等部分文章，对应的即是从春秋战国至秦汉时期史学的飞跃发展，司马迁充分借鉴与吸取前人的经验，融众书于一炉，创造性地编纂出了纪传体通史《史记》，实现了史学"成一家之言"的伟大抱负。又如从第九至十一单元，选编《史记》《汉书》《后汉书》《三国志》，对应的是两汉至南北朝时期的史学变迁，《汉书》的作者班固，裁剪司马迁《史记》，变纪传体通史为断代史，即"究西都之首末，穷刘氏之废兴，包举一代，撰成一书"，专门考察一代王朝的兴衰成败，这一变通，使《汉书》成为"自尔迄今，无改斯道"① 的著史范式。西晋陈寿、南朝宋范晔均仿照《汉书》，编撰成《三国志》《后汉书》，即如南宋郑樵所言"范晔、陈寿之徒继踵"②。再如唐宋的史学发展，虽然唐代官修史学取得了巨大成就，编写出二十四史当中的八部正史，但编者于此并不在意，仅选用其中的一部《晋书》，其余则选用了《史通》《大唐西域记》《通典》等典籍。显然史学发展由汉至唐，尤其在官修主导的背景下，史书编纂业已僵化，史官丧失了自主性与积极性，如果选用官修纪传体史书，则千篇一律，无所新意，因此选用《史通》《大唐西域记》《通典》等著作，最大程度呈现唐代史学创新发展的面相，即唐人首次对前代史学进行的理论性总结。唐朝历史地理关注中外交通、宗教交流等方面的内容，以及唐人对

---

① ［唐］刘知几撰，［清］浦起龙释：《史通·内篇·六家第一》，卷一，上海古籍出版社，2008 年，第 19 页。

② ［南宋］郑樵撰，王树民点校：《通志·总序》，中华书局，1995 年，第 3 页。

典章制度的系统考察等，这些都是前无古人的开创之作，充分代表了唐代史学发展的新高度。总而言之，本教材的编排，匠心独运地展示了中国古代不同发展阶段的文化创新现象，意在说明文化创新是中国古代历史社会发展的常态，中国历史文化始终走在创新发展的道路上，彰显了中国文化不断推陈出新的强大生命力。

其次，编者选用经典名著，尤其注意弘扬中国古代优秀的文化因子，诸如辩证理念、唯物史观、会通思想等，讲授本门课程时应当给予充分的重视。

一是辩证观点，如本部教材既收录了刘知几《史通》之"六家"与"二体"篇，又收录了郑樵《通志》之"总序"，前者认为"（刘知几）在评论纪传体时，赞美断代体的《汉书》，而贬抑通史体的《史记》"[①]，进而指明"刘知几推崇断代史，似也颇有见地"；后者认为"郑樵特别推尊《史记》，说它能会通古今……而贬抑《汉书》以下的断代史书，斥为失去会通之道"，指出郑樵有志于"矫正断代为史之弊，恢复史迁良法"。毫无疑问，刘知几与郑樵关于通史与断代的观点截然相反，但毫不妨碍编者将二者兼而收之，原因在于无论是"通"还是"断"，都"互有长短，不可偏废"，因此各有存在的必要。文选收录了这两篇文章，显然并非编者不够严谨，恰恰是注意到了中国古代文化的辩证特点。

二是唯物史观。如选文《史通·六家》解题部分，编者介绍刘知几的史学思想时，充分肯定刘知几反对"史家把迷信与史实相混淆"，"指斥以传统的阴阳五行学说为根据"的做法，对其所言"论成败者，固当以人事为主；必推命而言，则其理悖也"的看法深表赞同。又如选文《通典·食货门·田制》解题部分，编者用了近乎一页的篇幅，讨论杜佑《通典》首列"食货"，以及"食货又以《田制》为先"的做法，认为杜佑把"历代土地关系的变革，放在历代典章制度的首要地位"[②]，是作者洞察了"中世纪社会的经济结构"存在的问题，强调必须首先解决老百姓的吃饭穿衣问题，才能再行教化，最终使国家"致治"，因此"一反过去史家轻视经济史的传统"，把经济制度放在其他各项典章制度的前面。

---

① 周予同主编：《中国历史文选》下册，《史通·六家》篇"解题"部分，上海古籍出版社，2013年，第322页。

② 周予同主编：《中国历史文选》下册，《通典·食货门·田制》篇"解题"部分，上海古籍出版社，2013年，第354页。

　　三是"会通"思想。"会通"思想是中国古代优秀传统文化的重要内容，也是中国古代文化一脉相承的思想根源，对中国古代优秀传统文化的传承发挥了至关重要的作用，编者对此专门做了精心安排。其一，针对通史类典籍多选篇目，如摘用司马迁《史记》中的五篇选文，即《秦始皇本纪》《六国年表》《陈涉世家》《孙子列传》《货殖列传》等，以上选篇既包括反映时代风云变幻的重要历史人物，又有司马迁首创的大事年表、食货列传等丰富内容，充分展示了纪传体通史体例的多样性，肯定了纪传体通史反映秦汉时期复杂社会面貌的优势。其二，重点介绍纵论古今的史学理论专著，即刘知几《史通》与章学诚《文史通义》，前者作为史学理论的通史之作自不待言，无论内篇讨论历史编纂学，还是外篇考察史籍源流得失，皆贯通历代，绳墨古今；后者则文史合谈，章学诚对中世纪以后史学进行批评总结，提出"六经皆史"说，认为唐宋以来史部著作因缺乏"史意"，即不"切人事"，无经世致用之功能，因此"都不是史学"①。编者对于章氏"通古今之变而成一家之言"②的修史观点，及其"赞美通史而贬抑断代史"的做法，均表示理解，同时还介绍了"（章氏）认为修编通史有六便、二长"的具体内容。其三，在同一单元分列三部性质相同的通史著作，进行几种介绍。如第二十一单元，把《通典》《通志》《文献通考》（简称"三通"）的选文集中编排在一起，这一做法，既充分考虑到三书均为通史类著作，专门考察历代典章制度的沿革变迁，其内容性质相同，编排在一起是合适的。同时此类著作对后世产生了重要影响，以至后世屡有仿照续写，如《史通》之后，宋代有宋白《续通典》、魏了翁《国朝（宋）通典》，宋代郑樵《通志》中的"二十略"实际也是"仿照它的体例"，宋末元初的马端临"更依它的体裁，增广门类"，编成《文献通考》一书，迨至清乾隆年间官修六通以及晚清刘锦藻《清朝续文献通考》，均依傍于"前三通"编纂而成。以上安排，侧重点虽不同，但"会通"思想则一以贯之，是编者着意强调的。

　　最后，文选教材均选用历史名著与经典范文，任课老师在疏通与分析

---

　　①　周予同主编：《中国历史文选》下册，《文史通义·书教下》篇解题部分，上海古籍出版社，2013年，第525页。
　　②　[清]章学诚著，叶瑛校注：《文史通义·答客问上》卷五"内篇五"，中华书局，1985年，第470页。

选文的时候，可以寓教于学、寓情于学，使学生在获得专业知识的同时，又能够深化对国家统一、民族融合的历史认知。

如讲授第二十二单元《秦晋淝水之战》（《资治通鉴》卷一〇五节选）一文，在帮助学生准确解读史料的同时，可以就选文中的部分内容与中国古代历史相关史实结合起来，引导学生深刻体会南北朝时期国家统一、民族融合的发展趋势。如在讲述东晋太元八年（383）秋七月，前秦发动对东晋的全面战争。当然在此我们不妨考虑一下，在苻坚发动战争之前，前秦在北方形势究竟如何，苻坚何以能毫无顾忌地发动对东晋的全面战争。带着这个疑问，老师可以引导学生仔细阅读选文中的相关史料，即"甲子，（苻）坚发长安，戎卒六十余万，骑二十七万……凉州之兵始达咸阳，蜀、汉之兵方顺流而下，幽、冀之兵至于彭城，东西万里，水陆齐进"。这段史料虽然是就各地发兵情况而言，即以长安为中心，辐射的地域西自凉州，东趋彭城，北达幽、冀州，南至蜀汉之地，基本上涵盖了北方的广大地区。然而如此广大区域，都在前秦统治范围之内，恰好说明这一时期的北方已经实现了局部统一。正因如此，苻坚才劳师动众，不惜举全国之力发动对东晋的战争，其政治目标很明确，就是消灭东晋王朝，建立南北统一的国家。当然就当时形势而言，苻坚虽统一了北方，但毕竟其统治基础并不牢固，各股势力勉强拢在一起，一有风吹草动顷刻就会瓦解。然而这一时期的东晋王朝，在门阀士族谢安辅佐之下，政治形势相对稳定，而且面对苻坚的大兵压境，各股政治力量空前团结。就以上而言，这一时期前秦贸然发动战争，其结果只能是以前秦溃败而告终，东晋得以自保成功。总之，发生在公元383年的"秦晋淝水之战"，实际上是自两汉以后，北方统一南方的一次尝试，虽然时机未到，终以失败告终，但南北统一的趋势已经呈现出来，国家统一已经提上日程。

又如这一时期的民族融合问题，也可以在本文中找到些线索。对于苻坚统治的前秦是怎样的一个国家，何以能主动挑起对东晋的战争，选文中没有相关史料予以直接说明。但从文中不难看出，苻坚对秦军期望很高，认为东晋一战"势还不远"，并在战前已经开始为东晋孝武帝君臣"先为起第"，预设好东晋君臣各自的官职，即"其以司马昌明为尚书左仆射，谢安为吏部尚书，桓冲为侍中"等。另外，文中所载前秦与东晋双方出场人物担任的官职，如前秦阵营中的姚苌担任"兖州刺史"，而东晋阵营中的桓冲则担任"荆州刺史"，等等。以上，从预设职官与双方人员实际担任的具体官职来看，苻坚统治下的前秦与东晋王朝的职官制度大体相似。苻坚重用优秀政治家王猛，采取"修明政治、镇压豪强，提倡儒、佛学"的治国举措，并先后灭掉前燕、前凉，攻取东晋统治下的汉中、成都等地，使前秦发展成为十六国中势力最强的国家。以上相关史实可以证明，这一时期北方各地区进行民族大融合，尤其是北方各少数民族与汉族同化，这对于北方力量的壮大，以及此后北方最终统一南方埋下了伏笔。

再如，从前秦部分从征将领，如慕容垂、慕容宝等人言论中，亦可窥视少数民族将领在一定程度上汉化的情况。如慕容宝劝谏慕容垂曰："家国倾覆，天命人心皆归至尊……是天借之便以复燕祚，此时不可失也。"① 慕容垂答曰："天苟弃之，不患不亡。不若保护其危以报德，徐俟其衅而图之，既不负宿心，且可以义取天下。"在两人的谈话内容中，反复出现"天命人心""天""天下""报德""宿心""义"等词汇，显然涉及儒家伦理政治的概念与范畴，关于慕容宝提出借前秦新败乘机复国的建议，慕容垂以天命所归不在一时为理由，委婉加以拒绝。随后慕容德亦进言："秦强而并燕，秦弱而图之，此为报仇雪耻，非负宿心也。"慕容垂再答曰："秦主以国士遇我，恩礼备至……此恩何可忘也。"两人交流中，所提及"强""弱""弱而图之""报仇雪耻"，以及"国士""恩""礼""报恩"等词汇，反映了处理同一事情，完全不同的两种思路：一种是弱肉强食的狼性，一种是知恩图报的善性；前者不惜乘人之危落井下石，后者虽然"意气微恩"亦思报答。如果说前段对话慕容垂的言辞不够明朗，而后来与慕容德对答，则直接吐露了他的心声，即面对秦主苻坚的知遇之恩与信任之心，慕容垂感恩戴德，虽然"亲党多劝垂杀坚"，慕容垂"皆不从"。以上史实表明，这一时期民族融合是趋势，是潮流，具有不可逆性，其结果必然使中华民族不断地发展壮大。

综上，周版历史文选贯穿两大主线：中国古代社会发展道路的自主性与连续性，中国古代史学发展的传承性与创新性。经典历史作品蕴含着丰富而优秀的思想文化因子，这是我们文化自信的重要思想源泉之一。文选所选名篇佳作皆具有深厚的文化底蕴与历史情怀，我们的责任在于发掘好与利用好这部宝藏。

---

① 周予同主编：《中国历史文选》下册，《秦晋淝水之战》篇，上海古籍出版社，2013 年，第 402 页。

课程思政视角下"主线教学模式"探究

——以高校"世界近代史"课程为例

邵政达

【摘要】 "主线教学"是历史学专业课程的教学新模式。相对于传统的专题教学和国别教学,该模式在知识涵盖范围、知识体系建构和教学重点把握等方面具有独特优势。"世界近代史"是历史学专业基础课程之一,教学内容上承世界古代史,下启世界现代史,蕴含着丰富的思想政治教育元素。在教学中,教师要突破世界近代史的"资本主义发展"这一传统叙事,围绕"现代化"和"全球化"两条主线,引导学生深化理解"中国道路"和"人类命运共同体"理念,实现课程思政与主线教学模式的融合。

【关键词】 课程思政;主线教学;世界近代史课程;现代化;全球化

课程思政是当今高校人文社会科学各专业教学改革的一大方向,它要求发掘课程中所蕴含的思想政治教育元素和所承载的思想政治教育功能,并将之融入课堂教学的各个环节,实现思想政治教育与知识教育的有机结合。"主线教学"是历史学专业课程教学的新模式,相较于传统上以专题和国别为中心的教学模式,"主线教学"在知识涵盖范围、知识体系建构和教学重点把握等方面具有独特优势。① 本文以高校历史学专业基础课程"世界近代史"为例,突破以"资本主义发展"为中心开展教学的传统范式,从

---

① 邵政达:《实践与思考:西欧中古史教学中的两条主线》,载张文德主编:《高校教学中的理论探索与多维实践(第二辑):历史学品牌专业教研论文选》,合肥工业大学出版社,2019年,第122-124页。

"现代化"和"全球化"两大新主线入手，将"课程思政"融入"主线教学"，阐释高校历史学专业课程的教学新思路。

一、"世界近代史"课程与"主线教学"模式

"世界近代史"课程是高校历史学专业的基础必修课，上承"世界中古史"，下接"世界现代史"课程，知识内容涵盖 1500 年前后到 1900 年前后四百年左右的世界历史。这一阶段是人类文明从古代向现代过渡的关键时期，在世界史课程体系中占有重要地位。本课程主要包括四大教学版块：其一，文艺复兴、宗教改革、启蒙运动三大思想解放运动，激发和塑造了欧洲的人文主义和资本主义精神。其二，新航路的开辟和资本主义对亚非拉诸国的入侵在拉开全球化序幕的同时，奠定以西方为中心的殖民体系和资本主义世界市场。其三，16—19 世纪西方主要国家的民族和民主革命推动资本主义在西方各国的确立。其四，两次工业革命和相伴而生的工人运动催生了两大阶级和马克思主义，为 20 世纪世界现代史谱写了序曲。

在课时安排上，国内高校历史学专业（包括历史师范专业）普遍将世界史和中国史作为两大并行学科设计课程，"世界近代史"通常与"中国近代史"一起被安排在第三学期或第三和第四两个学期学习。通过对国内部分高校历史学专业课程的调查可知[①]，世界近代史课程的课时安排主要有 54 学时（18×3）、64 学时（16×4）、72 学时（18×4）、80 学时（16×5）、90 学时（18×5）、96 学时（16×3×2）和 108 学时（18×3×2）等几种，绝大多数在 72 学时以上。[②]

在教材选择上，国内高校的"世界古代史"（含世界上古史和世界中古史）和"世界现代史"（含世界现代史和世界当代史）课程都已普遍使用由高等教育出版社出版的"马克思主义理论研究和建设工程"教材（以下简称"马工程版"）。该系列教材是"坚持以马克思主义立场、观点和方法论为指导"而编写的"符合中国特色社会主义建设需要的'特色'教材"，体现了如下特色：一是坚持以马克思主义为指导，尤其是以马克思主义中国

---

① 在此向各高校历史学专业受访师友致谢！
② 括号内为"上课周数×周学时数×学期数"。

化的最新理论成果为指导；二是体现本土性、民族性和国家意识。① 以这一系列教材进行的教学更能体现出课程思政的特色。"世界近代史"课程尚无"马工程版"教材，国内各高校普遍使用以下两个版本的教材：一是齐世荣先生总主编的四卷本《世界史》中的"近代卷"（以下简称"齐版"）②；二是吴于廑、齐世荣共同主编的六卷本《世界史》中的"近代史编（上、下卷）"（以下简称"吴齐版"）③。上述两版教材在整体风格体例上有所不同，但都体现了严肃的马克思主义唯物史观，并以严谨求实的笔风从纵向和横向两种视野阐述世界近代史，体现出鲜明的"整体史观"特点（尤以"齐版"最为突出），因此长期被视为世界史的"经典教材"④。不过，在依据或参考"齐版"或"吴齐版"教材进行教学时，教师仍需从课程思政层面加强对学生的引导。

"主线教学"是历史学专业课程教学的新模式。当前国内大多数高校历史学专业课程采用的是"时间与国别交叉"和"时间与专题综合"两种教学模式，但并未突破专题式和国别式两种传统教学模式的藩篱，而"主线教学"模式通过若干条相互关联的主线将某一阶段历史中的政治、经济、社会、文化等各方面知识有机串联起来，不同主线串联的知识再形成交叉体系，进而编织成相互关联的知识网络。其突出优势包括以下几点：知识涵盖范围更为全面；便于学生将知识进行有机的串联和记忆，最终形成系统的知识体系；使学生更加主次分明地把握历史中最重要的方面；便于学生从整体和宏观上把握历史。⑤

传统的"世界近代史"教学是以"资本主义发展"为中心开展的，世界近代史被解读为资本主义在欧洲产生进而向全世界扩张的历史。在这一教学思路下，16—19世纪的世界近代史被划分为以下几大阶段：一，资本主义的"曙光"（地理大发现、商业革命、文艺复兴、宗教改革、欧洲诸国

---

① 蒋承勇：《"马工程"重点教材：特色 创新 精品》，《中国编辑》2018年第2期。

② 齐世荣主编，刘新成、刘北成分册主编：《世界史·近代卷》，高等教育出版社，2007年。

③ 吴于廑、齐世荣主编：《世界史·近代史编（上下卷）》，高等教育出版社，2011年。

④ 除上述两版外，还有部分高校使用以下版本教材：刘宗绪主编：《世界近代史》，北京师范大学出版社，2004年；齐涛主编：《世界通史教程（近代卷）》，山东大学出版社，2008年；王斯德主编：《世界通史（第二编）》，华东师范大学出版社，2001年。

⑤ 邵政达：《实践与思考：西欧中古史教学中的两条主线》，载张文德主编：《高校教学中的理论探索与多维实践（第二辑）：历史学品牌专业教研论文选》，合肥工业大学出版社，2019年，第122－124页。

专制制度的形成）；二，资本主义的"兴起"（尼德兰革命、英国革命、启蒙运动、美国革命、法国大革命、东方封建国家的衰落与西欧列强的殖民扩张）；三，资本主义制度的"确立"（工业革命与工人运动、英国议会改革、意大利和德国统一、俄国农奴制改革、美国内战、日本明治维新、亚非拉各国沦为殖民地或半殖民地等）；四，资本主义向垄断过渡（第二次工业革命、垄断组织、列强瓜分世界等）。

随着国内历史学学术研究与教学思想的更新与发展，在突破"西方中心论"的藩篱后，"资本主义史"这一传统叙事逐渐被摒弃，从"全球史观"和"发展史观"阐释历史日益成为主流。"全球化"和"现代化"正是两条能够贯穿和阐释世界近代历史发展的新主线。在围绕上述两条主线开展教学时，教师要注意发掘其中的思想政治教育元素，发挥"世界近代史"课程的思想政治教育功能。

二、围绕"现代化"开展教学，
引导学生深刻理解坚持"中国道路"的意义

"现代化"一般是指"从传统社会向现代社会转变的过程"。在历史学视野中，现代化是一个"内容丰富、涵盖面广的概念，它是一种整体的社会变动，不但包括工业化所推动的经济增长，还包括社会在政治、思想、文化等各个方面的全方位变化"①。

文化和思想领域的转变拉开了"现代化"的序幕。"世界近代史"课程的教学内容以西欧的文艺复兴和宗教改革运动为起点。文艺复兴从文化层面向禁欲、严肃又腐朽没落的中世纪基督教文化发起挑战，而宗教改革运动则直击天主教会本身，让信仰重归个人。在这两大思想运动的推动下，西欧人的精神突破中世纪传统神学世界观的束缚，在宗教和世俗两个层面向现代人本主义转变。

在文化和思想领域"现代化"的促进下，欧洲人又率先开启政治、经济和社会领域的"现代化"，尤以政治上的现代化转型最具革命性。以尼德兰革命为起点，英国革命、法国大革命、德国和意大利统一等民族和民主

---

① 钱乘旦主编：《世界现代化历程·总论卷》，江苏人民出版社，2010年，第15页。

革命运动掀起欧洲政治革命的狂潮，美国革命和日本明治维新等则构成欧洲政治革命的延续和扩展。教师在讲授西方主要大国现代化进程时，要注意引导学生梳理和总结现代化的不同模式。

西方主要国家的现代化道路大体分为以下几种：其一，英国式的"渐进—妥协"式道路。英国是原生型现代化国家，自光荣革命以来，英国的现代化进程总体是平稳和循序渐进的，社会上层和下层民众的力量互动发展。其二，法国式的"激进—革命"型现代化道路。与原生型现代化的英国相比，法国现代化一开始就"具有某种追赶和竞争的性质"，"外在的压力形成法国现代化中一个重要的动因"。同时，"由于法兰西民族特有的浪漫禀赋、追求完美的历史传统以及应对各种机遇时理想化的处理方式，法国走上了一条漫长而曲折的发展道路"[①]。在现代化进程中，自下而上、非此即彼的革命成为法国现代化特别是政治现代化最突出的特点。其三，德国式的"保守—改良"型道路。其特点与法国相反，依靠的是国家的主导力量自上而下地进行改良。一些学者也将之称为"防御性的现代化模式"，即"普鲁士-德国的统治集团始终发挥了主导性的作用：其中的远见卓识者为了维护传统统治体制，一再通过自上而下的改革促进现代化"。除上述三种典型的现代化模式，先发后至的伊比利亚模式、"刺激—反应"型的北欧模式和"移植—改造"型的北美模式等成功范例也值得探讨。[②] 在各国政治现代化如火如荼之时，经济和社会领域的现代化也改变着欧美各国的面貌。始自英国继而扩展至欧美各国的工业革命不仅使欧美各主要大国迅速确立资本主义制度，也推动了经济和社会结构的巨大变革，进而使西方社会迅速从传统社会向现代社会转型。

在梳理各主要国家现代化模式的同时，教师要注意引导学生总结如下历史经验：成功的现代化道路都不是照搬别国的模式，任何国家的发展道路都可以借鉴别国的经验，吸取别国的教训，但最终还要立足于本国的历史文化传统和现实国情。为加深学生的认识，教师在讲授近代俄国史的章节中，还要从反面剖析俄国现代化道路的"挣扎"与"教训"，使学生从中感悟现代化道路的复杂性，特别是正确理解现代化进程中外力和本土性因

右侧竖排：课程思政视角下「主线教学模式」探究——以高校「世界近代史」课程为例

---

① 陈晓律主编：《世界现代化历程·西欧卷》，江苏人民出版社，2009年，第153-154页。

② 陈晓律主编：《世界现代化历程·西欧卷》，江苏人民出版社，2009年，第75、364页；李剑鸣主编：《世界现代化进程·北美卷》，江苏人民出版社，2009年，第12页。

素的相互交织。

俄罗斯是在全盘西化与保持本国特殊性的矛盾中挣扎的国家，这塑造了俄国现代化的特殊性。从彼得大帝（1682—1725 年在位）亲自披挂上阵探寻西方文明成功的密码，到普京总统带领俄罗斯走自己的路。在全盘西化与俄国特殊性、现实地位与大国尊严的矛盾中，在否定与再否定的挣扎中，这个在东西方文明之间挣扎的国度仍在现代化道路上不停探索着。俄国的现代化肇始于彼得大帝，受时代语境所限，学者们大多将俄国早期现代化视为"西欧化"①。正如有学者指出的："18 世纪初期，以彼得一世改革为标志，俄国走上了以赶超西方先进国家为主要特点、以追求军事强国地位为直接目标的现代化之路。"② 但若从政治体制本身来讲，这一时期的政治发展是与同时期西欧的民主革命背道而驰的，俄国的政治发展走上一条以强化沙皇专制主义和中央集权为特点的道路。正是这种"西化"与本国传统交织的"混血"模式奠定了俄国特殊的现代化道路，而一旦抛开这种特殊性，把"现代化"与"西化"等同起来，无不使国家遭受厄运。

在从正反两方面讲述世界现代化历程的过程中，教师还要注意引导学生结合同步进行的中国近代史课程内容，梳理和总结鸦片战争以来中国曲折而艰辛的现代化道路，通过中外比较来认识中国的现代化历程缘何如此曲折。同时，教师要结合中国特色社会主义现代化道路的历程，使学生们认识到"中国道路"是历史和人民的选择，是中国在近代以来受到外力作用的同时，立足于本国传统和现实国情的结果。

三、围绕"全球化"开展教学，
引导学生正确认识"人类命运共同体"理念

"全球化"一词产生于 20 世纪中期，并很快在 20 世纪末成为一种流行的学术概念。③ 从一般意义上讲，"全球化"是指各文明之间的联系与人类

---

① 王云龙、刘长江：《世界现代化历程·俄罗斯东欧卷》，江苏人民出版社，2014 年，第 11 页。

② 姚海：《俄国革命》，人民出版社，2013 年，第 35 页。

③ 张桐：《围绕"全球化"概念的争议》，《教学与研究》2015 年第 10 期。

相互依存度的不断加强。美国学者弗里德曼在其风靡全球的畅销书《世界是平的》中将全球化历程分为三个"伟大的时代"，第一个时代从1492年到1800年，被其称为"全球化1.0版本"，即"肇始于哥伦布远航开启新旧世界间的贸易"①。斯塔夫里阿诺斯将1500—1763年之间的历史时期称为"全球开始统一的时期，是从1500年以前时代的地区孤立主义到19世纪欧洲的世界霸权的过渡时期"②。无论是弗里德曼，还是斯氏，都将全球化的起点追溯到伊比利亚人的地理大发现和新航路开辟。③ 从这个意义上来讲，世界近代史正是与"全球化"伴随始终的。

在庆祝中国共产党成立100周年的大会上，习近平总书记指出："以史为鉴、开创未来，必须不断推动构建人类命运共同体。"④ 在世界近代史课程围绕"全球化"这条主线进行教学的过程中，要引导学生从全球史视野看待中国在世界近代史上与其他文明交流中表现出的"和平、和睦、和谐"理念，并与欧洲列强的殖民掠夺行径进行比较分析。同时，教师还要注重引导学生辩证地看待欧洲人开辟新航路，拉开全球化序幕的积极意义。结合上述两种认识，引导学生正确理解"人类命运共同体"的理念。

其一，从新航路开辟的历史阐释"全球化"的开端，引导学生理解人类命运共同体的构建是以文明之间和平的"交流互鉴"为基础的。新航路的开辟是葡萄牙和西班牙两国实现的海上探险成就。在教学中，教师要注意引导学生结合世界古代史知识，正确认识新航路开辟前世界各主要文明区相对孤立的事实，深化理解新航路开辟对于"全球化"和人类构建"命运共同体"的开端性意义。新航路的开辟推动人类文明从彼此相对孤立走向一体化，建立"全球联系"⑤。在这一背景下，"全球范围内出现了规模空前的交换，这当中既包括物种的交换，也包括商品的交换"。当然，正如"齐版"教材中指出的："全球联系"建立带来的结果"既有积极的，比如

① ［美］托马斯·弗里德曼：《世界是平的》，何帆、肖莹莹、郝正非译，湖南科学技术出版社，2006年，第8页。
② ［美］斯塔夫里阿诺斯：《全球通史》，吴象婴等译，北京大学出版社，2006年，第455页。
③ 也有不少学者认为全球化是"与后工业化联系在一起的一场全新的运动"，起点在20世纪后期。参见张桐：《围绕"全球化"概念的争议》，《教学与研究》2015年第10期。
④ 习近平：《在庆祝中国共产党成立100周年大会上的讲话》，《求是》2021年第14期。
⑤ "全球联系"是指："以欧洲人为主导的，跨越国家、民族、文化和社会形态界限的接触与互动。"参见齐世荣主编，刘新成、刘北成分册主编：《世界史·近代卷》，高等教育出版社，2007年，第63－64页。

促进了彼此的发展和进步，也有消极的，比如造成战争、疾病和灭绝。"①
因此，教师要引导学生总结世界各地区、各文明的交流互鉴的历史经验和
教训，并树立正确的"文明交互观"——"每种文明都有其独特魅力和深
厚底蕴，都是人类的精神瑰宝。不同文明要取长补短、共同进步，让文明
交流互鉴成为推动人类社会进步的动力、维护世界和平的纽带。"②

因此，在新航路开辟及随后的欧洲殖民扩张史的教学中，教师要引导
学生比较分析中国与欧洲对外交往方式的不同：一方面，结合葡、西、英、
法、德等国海外殖民和商业扩张的史实，揭露和批判欧洲人与其他文明交
往中暴露出的殖民掠夺本质；另一方面，通过对中国古代丝绸之路和朝贡
贸易体系历史的梳理，帮助学生正确认识中国自古以来在对外交往中秉持
的"和平、和睦、和谐"传统。正如习近平同志所指出的："和平、和睦、
和谐是中华民族 5000 多年来一直追求和传承的理念，中华民族的血液中没
有侵略他人、称王称霸的基因。"③

其二，从近代国际关系体系的演进阐释"全球化"的政治意蕴，引导
学生客观认识人类命运共同体是以尊重文明差异和主权平等为前提的。在
近代世界国际关系演进的教学中，要引导学生结合中国史相关知识，比较
分析中国和西方诸国对待其他文明的不同态度。尊重文明差异是中国自古
以来奉行的国际交往准则，而西方诸国在这一问题上犯下了一系列罪行。
自 16 世纪以来，崛起的西方列强就不断通过战争、殖民等方式，强迫其他
文明改变政治制度、宗教信仰、经济模式等。事实上，西方列强这一"不
尊重其他文明"的价值取向至今仍被一些霸权国家所继承。习近平同志指
出："和羹之美，在于合异。人类文明多样性是世界的基本特征，也是人类
进步的源泉。世界上有 200 多个国家和地区、2500 多个民族、多种宗教。
不同历史和国情，不同民族和习俗，孕育了不同文明，使世界更加丰富多
彩。文明没有高下、优劣之分，只有特色、地域之别。文明差异不应该成
为世界冲突的根源，而应该成为人类文明进步的动力。"④ 教师要着重引导
学生深刻认识"尊重文明差异"是构建人类命运共同体的前提之一。

---

① 齐世荣主编，刘新成、刘北成分册主编：《世界史·近代卷》，高等教育出版社，2007 年，
第 64 页。
② 习近平：《共同构建人类命运共同体》，《求是》2021 年第 1 期。
③ 习近平：《在庆祝中国共产党成立 100 周年大会上的讲话》，《求是》2021 年第 14 期。
④ 习近平：《共同构建人类命运共同体》，《求是》2021 年第 1 期。

尊重主权平等是构建人类命运共同体的另一前提。1648 年欧洲各国签订的《威斯特伐利亚和约》最早确立了"平等和主权原则"，并划定欧洲大陆各国的国界，开创了用国际会议解决国际问题的先例。习近平同志强调：要迈向人类命运共同体，必须坚持"各国相互尊重、平等相待"①。国家是国际交往的基本单元，也是全球化的载体，全球化和国家主权之间并非对立，而是辩证统一的关系。在教学中，要引导学生批判西方资本主义国家殖民主义和霸权主义行径，客观认识"尊重国家主权"对于推进国际关系良性发展，以及对世界各国共同参与构建人类命运共同体的重大意义。

其三，从世界市场体系的构建阐释"全球化"的经济意蕴，引导学生客观认识以西方为中心的资本主义世界市场体系内部并不平等，而构建人类命运共同体是以合作共赢与共同繁荣为目标的。工业革命发源于英国，扩散至欧美，进而席卷全世界，其"对人类社会的意义，实际上超过了一般的政治革命"②。工业革命的巨大生产力和激发出的资本主义精神进一步推进了经济上的全球化浪潮。但同时还须注意到，在由西方国家主导的"经济全球化"中，亚非拉等地区的人民被迫卷入资本主义世界市场之中，成为欧美各国的原料产地和商品倾销市场。这种模式构成了沃勒斯坦所说的：以西方工业国家为中心，以亚非拉农业国家为边缘或半边缘地区的世界经济体系。③ 在这一体系下，中心国家与边缘国家的地位是不平等的，在某种程度上就是一种资本主义的剥削与被剥削的关系。

全球化的发展趋势正是"去中心化"，这也是构建人类命运共同体的重要目标。世界近代史的四百年（16—19 世纪）作为"经济全球化"的早期阶段，在塑造"中心—边缘"这一不平等体系的同时，也在执行着"建设性使命"，即通过资本主义入侵和殖民扩张将原本壁垒森严的孤立或半孤立文明强行纳入"世界体系"之中。各种文明和力量的汇入为未来全球性的多极化发展打下了坚实基础。因此，在不断打破传统不平等体系的同时，必须继续推进"经济全球化"，同时坚定地反对经济霸权主义和贸易保护主义。对此，教师要引导学生客观认识经济全球化作为"历史大势"和"构

---

① 《习近平主席在博鳌亚洲论坛 2015 年年会上的主旨演讲》，载新华网：www. xinhuanet. com/politics/ 2015−03/29/c127632707. htm.

② 吴于廑、齐世荣主编：《世界史·近代史编（下卷）》，高等教育出版社，2011 年，第 1 页。

③ ［美］伊曼纽尔·沃勒斯坦：《现代世界体系（第一卷）》，罗荣渠等译，高等教育出版社，1998 年，第 463 页。

建人类命运共同体的必由之路"的事实。同时，教师还要引导学生思考"经济全球化"弊端的破解之道。这里可以借用习近平同志在《共同构建人类命运共同体》演讲中的两句话予以引导：其一，"要维护世界贸易组织规则，支持开放、透明、包容、非歧视性的多边贸易体制，构建开放型世界经济。"其二，"引导经济全球化健康发展，需要加强协调、完善治理，推动建设一个开放、包容、普惠、平衡、共赢的经济全球化，既要做大蛋糕，更要分好蛋糕，着力解决公平公正问题。"①

总之，"世界近代史"作为上承世界古代史，下启世界现代史的核心基础课程，涵盖了人类世界从 16—19 世纪四百年的历史。这一阶段正是人类世界从相对孤立到连为一体，从传统社会向现代社会转型的关键时期，"全球化"和"现代化"两条主线贯穿始终。世界近代史课程还蕴含了丰富的思想政治教育元素，教师在"主线教学"中要加强引导，发挥该课程的思想政治教育功能，以"全球化"和"现代化"的视角，深刻理解"中国道路"与"人类命运共同体"理念的多重内涵。

---

① 习近平：《共同构建人类命运共同体》，《求是》2021 年第 1 期。

"华侨华人研究"课程思政元素的挖掘及教学实践探析①

鞠长猛

【摘要】 华侨华人作为融通中外的特殊群体，表现出家国情怀、勤劳奋进、诚实守信、团结互助、文化自信、拼搏创新等精神，为课程思政提供了丰富的元素。"华侨华人研究"课程将突出"百年变局"的时代背景，深入挖掘该群体的优秀品质，体现"四史教育"的特点。教学从华侨华人移民史、华侨华人经济、华侨华人社团、华侨华人教育与文化、华侨华人教育与中国关系等五个方面进行融入，通过确立建设目标、创新教育理念、改进教学方法，深入贯彻课程思政实践思路，落实立德树人的根本任务。

【关键词】 "华侨华人研究"；课程思政；素材挖掘；教学实践

2020年5月28日，教育部印发《高等学校课程思政建设指导纲要》（以下简称《纲要》），决定把思想政治教育贯穿人才培养体系，全面推进高校课程思政建设。其中，对于历史学等专业课程的要求是："引导学生深刻理解社会主义核心价值观，自觉弘扬中华优秀传统文化、革命文化、社会主义先进文化。"②《纲要》的出台，为高校历史学教学中全面推进课程思政建设提供了指导和方向。鉴于历史文化浩如烟海，难以做到面面俱到，因而史学工作者需要结合自身的研究专长，在源远流长的历史和博大精深的

---

① 本文为2021江苏省现代教育技术课题"现代教育技术支持下华侨华人史课程思政建设助力四史教育的探索与实践研究（课题编号：2021-R-92119）"阶段性成果。

② 《教育部关于印发〈高等学校课程思政建设指导纲要〉的通知》，教高〔2020〕3号，2020年5月28日。

文化中进行挖掘和实践，形成新认识、树立新理念、把握新抓手、践行新要求。笔者在承担"华侨华人研究"课程教学过程中，以华侨华人问题为切入点，对相关建设进行了一系列探索，以期对推进课程思政建设尽绵薄之力。

一、华侨华人作为课程思政元素的价值体现

近代以来，华侨华人群体积极参与中国革命、建设和改革事业，他们是中国发展的支持者、中国革命的拥护者、中国现代化建设的参与者。对此，孙中山先生曾评价道，"华侨是革命之母"[①]。习近平总书记也指出："中国改革开放事业取得伟大成就，广大华侨华人功不可没。"[②] 他们身上既展现出海外华侨华人强烈的家国情怀，也表现出勤劳奋进、诚实守信、团结互助、文化自信、拼搏创新和革命精神。以华侨华人为载体推动课程思政建设，具有重要的理论和实践意义。

（一）华侨华人群体具有优秀的品质，蕴含丰富的"课程思政"元素

根据国务院侨办的统计数据，目前海外华侨华人的数量达到 6000 万，他们分布在全世界近 200 个国家和地区。[③] 广大华侨华人是中华文明的传播者、中外文明交流互鉴的推动者，中外文明交流互鉴的推动者。他们是中华民族非常特殊的一类群体，他们离开祖国，移民海外，在不同的文化环境、语言背景的国家和地区生存与发展，形成了强烈的家国情怀。在将中国文化传播到海外的同时，他们也衍生出独特的华侨华人文化，成为世界了解中国的窗口。此外，他们在从事经济贸易、文化教育和政治与社会活动的同时，也体现出责任担当、团结互助、诚信友善等优秀品质。

在华侨华人移民和发展过程中，许多中华民族传统文化和传统美德不但没有消失，反而因为异国他乡环境的催化作用而愈发得以彰显，更加鲜明地展现出来。在"华侨华人研究"课程中对这些精神进行挖掘，使之融

---

① 郑万里、苏小红、陈恒才：《梦回东方：华侨华人百年心灵史》，广东人民出版社出版，2011 年，第 265 页。

② 王振川：《中国改革开放新时期年鉴 2013 年》，中国民主法制出版社，2014 年，第 813 页。

③ 暨南大学图书馆华侨华人文献馆、彭磷基华侨华人文献信息中心编：《侨情综览 2016》，广东人民出版社，2018 年，第 406 页。

入思想政治教育之中，能够达到良好的思政教育效果。

（二）华侨华人深刻感知"百年变局"，是时事政治教育的活教材

目前中国正经历"百年未有之大变局"，世情、国情正在发生着快速变化，大国间的竞争没有减弱，反而进一步加强。某些西方政客及媒体为了达到政治目的，极力诋毁中国的体制、文化、文明体系，甚至将这种行为纳入政治正确的序列。史学教师理应在课堂教学过程中加强课程思政教学，帮助学生正确认清某些西方国家的政治意图，抵御其"分化"我国的政治图谋。

华侨华人群体长期客居海外，他们身处中外交流对话、互学互鉴，甚至是跨文化冲突的"前线"，他们对世界历史发展变迁十分敏感，对"百年未有之大变局"感知深刻。他们是中国国际形象的代言人，也是"中国威胁论"的直接受害者。华侨华人群体更能展现"根、魂、梦"的情感、践行人类命运共同体构建的愿望、实现中华民族伟大复兴的理想。"华侨华人研究"课程对他们的文化、事迹和精神进行挖掘，并在课堂上展示、研讨，能够使学生正确认识中国的国际地位、未来发展的机遇与挑战，以及世界的发展趋势等。

（三）华侨华人事迹突出，是进行"四史教育"的优秀素材

华侨华人全程参与了中国革命和社会主义建设的整个历史过程，无论是辛亥革命、中国共产党成立、抗日战争、新中国建设、改革开放，以及新时期中国特色社会主义建设时期，华侨华人都积极参与，并作出特别贡献。他们的身影活跃在党史、新中国史、改革开放史、社会主义发展史之中，为进行"四史教育"提供了生动的例证。

"华侨华人研究"课程以"四史教育"为切入点，使华侨华人专业知识、课程思政建设与"四史教育"三者之间形成相互借力，能够使课程"有血有肉"，富有精神内涵，实现学术性、思想性的统一，达到良好的教学效果。

二、华侨华人课程思政元素的融入点

《纲要》提出，专业教育课程要根据不同学科专业的特色和优势，深入研究育人目标，深度挖掘提炼专业知识体系中所蕴含的思想价值和精神内

涵。本课程以华侨华人历史与社会发展为线索，在教学与研究实践中讨论华侨华人在中国文化海外传播、发展中的独特作用，以及他们对祖国经济与社会发展、对中国现代化与"一带一路"倡议实施的特殊贡献，使学生们正确把握华侨华人的概念、历史地位，树立正确的人生观、价值观和世界观，培养学生的爱国主义精神、工匠精神、文化自信、责任担当。课程重在将教师的教学活动与学生思想意识的培养相结合，着重对学生进行正确的历史观念、价值观念，以及爱国主义情操的培养。为了达到这样的教学效果，需要结合华侨华人群体的特点深入挖掘"课程思政"元素，找到两者的结合点和融入点。具体如下：

（一）"华侨华人移民史"中的融入点

"华侨华人移民史"一般包括三段历史：①近代的华侨华人移民：早期华侨漂洋过海、他乡寻梦的移民历程；②从"落叶归根"到"落地生根"：冷战时期华侨华人在夹缝中的艰难生存；③新移民群体的形成：改革开放以来华侨华人的移民浪潮及其主要特点。

上述三段移民史依次展开，体现出华侨华人命运的变迁，展现出华侨华人从近代"卖猪仔"的悲惨命运，到艰难的历史抉择，再到成为当今各国经济和科技精英的整个过程。通过梳理近代以来华侨华人充满了血泪与汗水的移民史、奋斗史，概括出华侨华人"进取、勤劳、开放、包容"的精神内核，启迪学生形成勤劳勇敢、吃苦耐劳、积极进取、开拓创新的时代精神。

（二）"华侨华人经济"中的融入点

华侨华人经济是华侨华人群体在海外的立身之本，也是"华侨华人研究"课程的重点内容，其发展变迁主要有三个方面：①从契约华工到华商：近代以来华侨华人艰难的创业过程；②华侨华人的经营之道：从"三把刀"到"富可敌国"；③华商网络与华商精神的形成：全球化背景下华侨华人的新发展及其主要贡献。

华侨华人从白手起家到"手持经济牛耳"①，完成了从艰难创业到自立自强的辉煌历程，体现出华侨华人"敢为人先、刻苦节俭、务实创业"的经营之道和工匠精神，有利于培养学生永不言退、勤劳拼搏、真抓实干、诚实守信、爱岗敬业，在逆境中创业、成长的优秀品质。

① 张应龙：《广东华侨与中外关系》，广东人民出版社，2014年，第209页。

（三）"华侨华人社团"中的融入点

社团组织是华侨华人群体"守望互助、争取平权、融入主流"① 而形成的社会团体，主要有三方面的发展特点：①从血缘到业缘：华侨华人社团的形成及其表现形式；②从经济互助到助力参政：华侨华人社团的主要活动及其功能；③互联网时代华侨华人社团的新发展。

通过分析华侨华人社团的建立、发展过程及其热衷于慈善事业的特征，总结出华侨华人相助共济、协调创业、团结互助、和谐相处、友善待人的优秀品德，有利于在课程中培育热爱公益、助人为乐、扶困济贫、见义勇为、善待他人的奉献精神。

（四）"华侨华人教育与文化"中的融入点

华侨华人教育与文化是他们延续中国传统文化、保持与祖国关系的精神纽带，主要有三方面内容：①华文教育的发展历程及其时代特点；②华文报刊的发展及其文化价值；③华侨华人文化与中华优秀文化在海外的传播。

通过探讨华侨华人在华文教育、华语报刊及其对中华文化传承的贡献，凸显华侨华人强烈的文化认同感，以及为传播中华优秀传统文化而做的努力，可以在教学中引导学生形成坚定的文化自信。

（五）"华侨华人与中国的关系"中的融入点

华侨华人与中国经历了从"贡献"到"合作"的关系过程，主要包含三个层次：①华侨华人对祖国革命和建设的贡献，特别是辛亥革命、抗日战争、中国共产党成立和发展等；②华侨华人对祖国科技文化教育事业的推助作用；③改革开放以来海外华侨华人对中国的投资和经济合作。

通过探讨华侨华人在辛亥革命、抗日战争、解放战争、社会主义建设及改革开放时期为民族解放、国家繁荣、人民幸福提供的强力支持，突出华侨华人情系故土的家国情怀，有利于在课程中增强学生在祖国需要时挺身而出、义无反顾的责任担当意识。

总之，"华侨华人研究"课程涵盖了华侨华人移民史、创业史、社会活动史、精神文化史、与祖国关系史等多方面的内容，覆盖了华侨华人在近代以来不断成长壮大、地位日益提高的过程。他们与祖国共命运，为促进中国与世界各国发展友好合作关系搭建了桥梁和纽带，为助推中外政治沟

① 赵红英、宁一：《五缘性华侨华人社团研究》，同济大学出版社，2013年，第2页。

通、设施联通、贸易畅通、资金融通和民心相通发挥出独特的作用。对他们独特价值的挖掘，可以为课程思政提供丰富资料，推动新时代教育教学不断向前发展。

三、"课程思政"在"华侨华人研究"课程中的实施

《纲要》要求，高校课程思政要融入课堂教学建设之中，作为课程设置、教学大纲核准和教案评价的重要内容，落实到课程目标设计、教学大纲修订、教材编审选用、教案课件编写各方面。加强"华侨华人研究"课程思政建设，需要从以下几个方面进行努力。

（一）确立加强课程思政建设的目标

以课堂教学为平台，将价值塑造、知识传授和能力培养三者融为一体，实现立德树人。

（1）在华侨华人史课程教学过程中充分挖掘课程思政元素，坚定学生的理想信念。将华侨华人群体展现出的勤劳奋进、诚实守信、团结互助、文化自信、家国情怀和革命精神等思想政治教育元素渗透到课堂教育之中。

（2）充分肯定历代华侨华人在支持辛亥革命、抗日救亡运动、中国革命事业、改革事业、祖国和平统一大业、世界和平事业等方面的重要贡献。

（3）以华侨华人为切入点，扎实推进"四史"学习教育，持续深化爱国主义教育，培育时代新人。引导学生将上述华侨华人的精神转化为他们自己内在的德行，使之成为他们自己精神系统的有机构成，进而演变为他们的一种素质和能力。

（二）创新教育理念

（1）革新教学内容：在"课程思政"思想指导下完成"华侨华人研究"课程的内容和观念革新。改变传统课程上单纯讲解华侨华人移民、社团、经济、教育和文化等内容的做法，而是深入挖掘"华侨华人研究"与"四史教育"相关的内容，特别是其所蕴含的思想政治教育资源，以生动的、鲜活的、清新的、朴实的形式将其融入课程教育和实践的各个环节中，从而将"四史教育"润物细无声地呈现出来。

（2）突出教学重点：围绕课程思政，实现教学思路上的升华。华侨华人在党的历史、新中国史、改革开放史、社会主义史中取得的成就，全面

反映了华侨华人群体所蕴含的爱国主义、"四个自信"、社会主义核心价值观、中国传统文化、世界传统文化等内容，丰富和拓展了思想政治教育的内涵和外延，使其更具吸引力和感染力，实现全程育人、全方位育人。

（三）改进教学方法

（1）提高学生的参与度：以教师课堂授课为基础，系统传授华侨华人的相关理论和知识；适当采用翻转课堂形式，提高学生学习的兴趣和参与度；辅之以高质量的学术讲座，提高学生的学术兴趣，拓宽他们的学术视野。

（2）加强实践教学：与侨务部门合作，进行侨务调研和考察，提高学生的社会实践能力；开展口述史学专题活动，追寻华侨华人奋斗的足迹，保留华侨华人研究的一手资料；进行侨乡考察，深刻认识华侨华人与中国经济发展之间的互动关系。

（3）创新考核方式：注重过程性评价和期末考试相结合，进行综合性评价。通过制作PPT汇报、组建团队完成实践项目、写作学术论文等多种形式加强学生专业能力、方法能力和社会能力的培养。

综上所述，通过在"华侨华人研究"课程中推进课程思政建设，能够有效带动教师深入挖掘思想政治教育元素，构建起以学生为中心的新型教学模式，从而将课程思政元素有机融入专业课教学过程中，达到"润物细无声"的思政教育效果，增强学生学习的积极性和参与性，提高学生的学术研究和社会实践水平，落实立德树人的根本任务。

唯物史观在高校历史专业教学中的作用

戴　辉

【摘要】　高校历史专业向来便与思想政治教育息息相关，互为表里，前者是后者的具体例证，后者为前者的抽象概括，因而唯物史观在历史专业教学与研究中具有重要且独特的作用。具体体现在唯物史观是高校历史教学的理论武器，唯物史观是高校历史教学的方法论。

【关键词】　唯物史观；高校；历史专业教学

自中国共产党第十八次全国代表大会召开以来，习近平总书记主持召开了全国宣传思想工作会议、全国高校思想政治工作会议、全国教育大会、学校思想政治理论课教师座谈会等众多重要会议，这表明思想政治教育在全国各层次教育中至关重要的作用以及总揽教育全局的指导意义。就高校思想政治教育领域而言，习近平总书记强调，高校思想政治工作关系到高校培养什么人、如何培养人以及为谁培养人这个根本问题。众所周知，高等教育发展水平是国家发展状况及未来前景的重要晴雨表，而思想政治教育无疑是其中的中心环节。高校历史专业向来便与思想政治教育息息相关，互为表里，前者是后者的具体例证，后者为前者的抽象概括，因而唯物史观在历史专业教学与研究中具有重要且独特的作用。

一、唯物史观是高校历史教学的理论武器

思想政治教育的主要内容是马列主义及其中国化理论，它包括了马列主义的科学原理，以及中国共产党领导民主革命和社会主义建设过程中结

合中国实际情况发展出的一整套宝贵经验。它总结了中国历史进程的演变规律，概括了当下中国社会主义建设兴旺发展的成功之路，指引了未来中国走向富强文明发展的方向。

（一）马列主义及其中国化理论思想的科学性

马列主义是科学的历史观，它诞生于资本主义高度发展的背景下，因而具有对于资本主义社会乃至此前所有社会形态的洞察力。无产阶级的成长及其反对资产阶级的斗争滋养了马列主义理论的发展和完善。因此，马列主义以"一种极其完整严密的科学理论"替代了以往的随意混乱的历史观。马列主义在中国的成长和发展同样诞生在中华民族反对帝国主义、封建主义及官僚资本主义的民主革命斗争中，中国共产党在继承马列主义基本原理的前提下，结合中国近现代历史的具体实际，发展出毛泽东思想这一科学体系，指引中国民主革命走向成功。新中国成立后，一穷二白的国情以及冷战背景下的群敌环伺无不对新中国的建设提出极为严峻的挑战。中国共产党领导全国人民艰苦奋斗，推动生产力发展和人民生活水平提高的同时，也创立了有中国特色的社会主义发展模式。邓小平理论、三个代表重要思想、科学发展观和习近平新时代中国特色社会主义思想都是马列主义重要组成部分，也是今日思想政治教育的核心内容。总结以上马列主义及其中国化理论的发展脉络，我们不难看出唯物史观主体内容来自中国实际与马列主义原理的有机结合，是对中国历史及社会主义建设实际的高度概括总结。特别在高校历史教学中，唯物史观更是科学历史观与方法论的形成和发展的重要来源。

（二）唯物史观是历史教学及研究的核心思想

辩证唯物主义和历史唯物主义构成的唯物史观是高校历史专业教学的主要历史观，将历史专业教学和研究置于科学的哲学理论基础上。唯物史观不仅阐发了生产力—生产关系、经济基础—上层建筑的复杂矛盾运动是人类社会整个历程的根本动力，还界定了人类社会从低到高的发展过程，点明了阶级以及阶级关系是人类社会发展过程中的直接动力。由此，唯物史观科学、宏观地概括了人类社会整体发展的一般性规律，使得历史研究获得了正确认识不同历史时期发生的不同社会现象的钥匙，并进而获得唯一的科学研究方法。这也与新中国成立以来历史学科成果的层出不穷、研究水平与日俱增相适应。

唯物史观还揭示了社会历史运动的辩证性。高校历史教学和研究必须重视唯物辩证法的运用，才能摆脱机械的、僵化的照搬唯物史观的基础理论，更好地掌握唯物史观的深刻内涵，并不断丰富完善推动唯物史观的发展。科学的唯物史观所揭示的人类社会发展规律与自然规律有很大不同，这源于具有积极能动性的人及人群——这一最为复杂的因素，他们在适应和改造自然的过程中用自己的劳动不断塑造和改变着人类社会的面貌，这一点明显区别于机械唯物主义观点。人类社会的历史发展既有一般性的发展趋势，也不能脱离具体情景下的特殊因素的作用，也正因为如此，不同国家、地区、民族的发展路径既有相同点，也有不同点。中国的近现代历史轨迹正是如此，由于西方列强的侵入，中国被卷入世界资本主义体系，并以后发晚生型方式进入现代国家的艰难创建之中，这无疑改变了中国固有的发展脉络。最终中国在中国共产党领导下以跨越的方式完成民主革命，并结合自身国情，走上了一条迥异于西方的现代化发展道路，完成了中华民族伟大复兴，并在西方资本主义国家逐渐衰落之际彰显了自身的独特价值。这正体现了中国近现代历史的一般性与特殊性的辩证统一，中国人民以实际行动践行了唯物史观的辩证法，为世界马克思主义理论的发展贡献了极为宝贵的经验，并成为举世瞩目的成功范例。

二、唯物史观是高校历史教学的方法论

以马列主义及其中国化理论思想为主要内容的唯物史观，在方法论层面上为高校历史教学提供了科学的指引，因而唯物史观直接推动了历史教学及研究的深入发展。

马克思曾经将历史学视为唯一一门科学，这无疑凸显出历史学的客观性。古今中外绝大部分史家都将追寻历史真相作为最重要的任务，但就如何才能做到客观真实这一核心问题上，马列主义及其中国化理论中贯彻始终的唯物史观做出了最为圆满的回答。物质第一性、意识第二性是唯物史观的前提和基本原则，由此建立起来的辩证唯物主义和历史唯物主义思想中的生产力决定生产关系、经济基础决定上层建筑、社会存在决定社会意识等重要论点，都是人类社会历史研究中的重要原则，揭示了人类社会发展演变的规律。历史教学实践中教师应该坚持实事求是原则，引导学生立足史实，挖掘史料，批判地学习和借鉴史学界的各种理论及观点，确立客

观公允的研究立场，选择合理得当的研究角度；而唯物史观提出的一系列科学原则和主张无疑是历史学教学和研究的指南针，有利于把握人类社会历史的本质，充分彰显历史研究的客观性。鉴于人类有目的有意识的特点，唯物史观还提出了生产关系、上层建筑、社会意识等因素的反作用，体现其对于人类社会历史研究的特殊性、复杂性、多元性，从而更为辩证地展现了其对历史客观性的探索。

历史主义原则同样是历史学所坚持的重要原则，它是史学方法论体系中不可或缺的组成部分。民国史学大家陈寅恪曾在《中国哲学史大纲》导论中倡导同情之理解，这种观点曾经备受学界推崇，其科学的实质便在于其历史主义的主张。东西方史学重视这一原则的史学名家亦为数不少。唯物史观视野下的历史主义不仅继承了历史发展的独特性、个别性、精神性的观点，更强调了历史发展的规律性、统一性和物质性。高校历史专业教学要培养学生具体问题具体分析的思维，并积极主动在学习和研究中加以运用。这一原则要求学生立足历史现象的背后环境，以共情的方式解读历史现象，以局内人的角度复原历史原貌，谨慎处理研究者自身主观性与历史现象的客观性之间的关系。同时，马克思主义体系下的历史主义也要求研究者立足人类社会全局，将历史现象视为一个具有内在规律性的发展过程，并将具有一定独特性、个别性的研究对象置于时间脉络、空间环境中进行观照，从而得以立足宏观的人类社会发展进程，本质性地抓住历史现象演变的根源，进而得出规律性的认识，避免以往历史主义思想的过度分散、不成体系、杂乱无章的弊端。历史主义原则也与唯物史观的重要研究方法——阶级分析原则具有内在关联，秉承同样的逻辑。

阶级分析法在唯物史观中最具代表性，是较有典范意义的史学研究方法。恩格斯曾在《社会主义从空想到科学的发展》中指出："以往的全部历史，除原始状态外，都是阶级斗争的历史。"由此可见，阶级分析法的重要意义及其在马克思主义史学方法论中的地位。不同阶级的矛盾斗争是人类社会历史发展的直接动力，纷繁复杂的社会变迁往往直接反映在阶级斗争之中。因此，不同历史阶段的阶级与阶级关系成为马克思主义史学的重要研究对象。但在中国马克思主义史学发展初期，阶级斗争的研究探讨往往失之简单片面，因而阶级分析法曾被片面地解读为统治阶级与人民大众尖锐对立的阶级斗争说。这实质上忽视了阶级斗争的本质，即生产力与生产关系的矛盾统一，也缺失了以辩证唯物主义的角度去分析统治阶级与人民群众的互动关系。实质上阶级分析法应该建立在扎实的社会经济史研究的基础上，阶级关系是不同生产力发展水平下的人类社会的生产关系的集中体现，其着眼的范围并不仅仅局限在政治斗争方面，还涉及整个人类社会整体各要素。此外，阶级分析法本身即具备历史主义的视角，使史学研究得以立足不同的历史背景，具体而深刻地概括出生产力—生产关系、经济基础—上层建筑的真实面貌。尽管史学新方法、新视角不断推陈出新，阶级分析法仍然以其独特的理论价值受到关注。

整体史观亦是中外不同的史学流派共同关注的焦点。法国著名的年鉴学派旗帜鲜明地提出了"整体史"概念，并通过一代又一代的具体史学著作践行着整体史观，为世界史学界竖立了榜样。而诞生时间远远早于年鉴学派整体史观的唯物史观及其史学实践本身即体现了这一理论趋向，同时较之前者，其唯物主义的理论基础强调了经济因素的核心作用，并在此基础上构建了囊括政治、文化、社会等人类社会整体各要素共同作用下的历史运动机制。尤其是社会形态学说不仅彰显了人类社会由低到高的发展脉络，更以整体史观角度凸显了生产力发展推动生产关系，进而推动经济基础、上层建筑和整个社会形态的历史变迁过程。恩格斯曾明确指出"（有人曾歪曲唯物史观），说经济因素是唯一决定性因素，那么他就是把这个命题变成毫无内容的，抽象的，荒诞无稽的空话"，这一批判意在强调建立在经济基础之上的各社会要素都是推动历史发展变迁不可或缺的组成部分，重申唯物史观的整体史观念。史学研究向来重视过去、现在、未来之间的时间脉络，近年来随着全球史概念的提出，历史研究还应将自身的研究对象置于整个世界体系进行重新解读，这也要求不同学科及其分支共同协同合作，以期做出创新性的研究。

总之，唯物史观对于当今高校历史专业教学的重要意义是不言而喻的。诚然，随着史学的不断发展，不同流派、不同风格、不同视角的史学理论层出不穷，但唯物史观以其严谨的理论体系、辩证的研究思维、与时俱进的学术视野仍然占有历史教学的首要位置。我们将以发展的角度，推进马列主义及其中国化理论的深入发展，并结合世界进步文化的发展潮流，不断丰富完善历史专业教学及研究的理论视野。同时，我们应将历史教学与时代要求结合起来，洞察当前中国及世界发展的现状，从而客观评价中国社会主义道路的优越性。

"中国史学史"课程思政教育的价值与融入路径

陈 洁

【摘要】 高校"中国史学史"课程蕴含着丰富的思想政治教育资源，对此进行深入发掘，不但是实现历史专业培养目标的必由之路，也是迎合时代要求、培养高素质人才的需要。在课程教学中，应从史实和观念两个层面融入思政要素，实现知识传授与价值引领的有效结合，最终达到立德树人的根本目标。

【关键词】 "课程思政"；中国史学史；融入路径

"课程思政"是高校以习近平新时代中国特色社会主义思想为指导，以习近平总书记关于教育工作的重要论述为根本遵循，落实立德树人根本任务的重要举措。① 与传统的把思政课作为育人的主渠道的观念不同，"课程思政"是将所有课堂作为育人主渠道，在不影响课程专业教学目标的前提下，提炼出课程中蕴含的家国情怀、责任担当、文化自信、创新意识、工匠精神等价值内涵，实现知识传授与价值引领的有效结合，实现立德树人的润物细无声。高校历史学科的教学亦应顺应时代育人的需求，铸就"三全育人"的格局。

中国自古有治史的传统，历史记载在时间上连续不断，从上古直至晚近，各个时期都有相应的史籍。这些史籍蕴含着丰富的历史智慧和精神财富，是中华文化的重要载体。"中国史学史"课程通过分析重要史籍的特点，介绍著名史学家的生平事迹、史学思想、治学方法及史学成就等，帮

---

① 韩宪洲：《深刻认识"课程思政"的时代价值》，《人民日报》2019 年 8 月 18 日。

助学生了解中国史学发展的整个历程，探究中国史学发展的规律。这门课程蕴含着丰富的思想政治教育资源，在"课程思政"的背景下，探索知识传授与价值引领相结合的教学方法，十分必要。

一、"中国史学史"课程思政教育的价值思考

2018 年，教育部发布的《普通高等学校本科专业类教学质量国家标准》规定，历史学专业的人才培养目标是："培养学生具有坚定正确的政治方向、扎实的理论基础、广博的历史知识、深厚的人文素养、敏锐的问题意识与思辨能力，掌握历史信息搜集、考证与分析的基本方法，能在历史过程和现实处境中考察特定的历史现象，记录、搜集和处理相关信息，形成合理的见解。"[①] 这些培养目标，涉及思想观念层面、知识构建层面、方法论层面等，并与思政教育的培养目标密切相关。因此，加强高校历史课程的课程思政建设，既是实现历史专业培养目标的必由之路，也是迎合时代要求、培养高素质人才的需要。

"中国史学史"课程是历史学科的一门专业课，综合性较强，既涉及基础史实，又有方法和思维，是培养历史人才的主干课程。课程教学向学生呈现中国史学发展的整个历程，介绍历代著名史学家的史学思想、治学方法、史学成就等，为学生批判地继承祖国丰富的史学遗产奠定基础，为创造当今史学的新成就提供借鉴和养料；同时，通过分析史家、史著，帮助学生对历史研究工作的性质、特点有深刻的了解，有益于提升学生的治史理念、改进和丰富治史方法。另外，学生通过对中国传统史学成就的系统了解，认识中国历史学的特点，进而认识中华文明的特点，由此增强文化自信和民族自豪感，锻铸自己的情感、态度、价值观。该课程蕴含丰富的思想政治教育因素，深入发掘，可以培养学生的家国情怀，帮助学生建立文化自信，提高学生的思维能力，增强学生建设中国特色社会主义的自觉性和积极性，达到立德树人的根本目标。

在当前复杂的国内外形势下，大学生的思想现状，虽然主流是健康、

---

① 教育部高等学校教学指导委员会：《普通高等学校本科专业类教学质量国家标准》，高等教育出版社 2018 年，第 102 页。

积极向上的，但也有部分学生持消极的心态，如精于利己而家国情怀淡泊，过分强调自己的权利，而责任感缺失。培养学生的家国情怀是高校思想政治教育的重点，也是历史教学的核心素养目标之一。"家国情怀是中华优秀传统文化的精髓"①，家国情怀包含国家认同、责任意识等要义。家国情怀是"对家庭的眷恋、对家庭成员的关爱、对家庭历史的追忆延化为疆土之爱、人民之爱、文化之爱"②，从而构筑责任担当意识和奉献精神。"中国史学史"课程教学时，引导学生从史家的人生履历、史学思想中，体会史家的责任感、家国情怀，从而产生见贤思齐的意识；引导学生主动关注时代变化、关怀社会百态与国计民生、关心民族进步与国家发展，将家国情怀、责任担当厚植于学生内心深处，使其肩负起属于自己的历史责任，为建设社会主义贡献力量。

"中国史学史"课程通过展示历史学成就，激发学生的文化自信。中国有上下五千年的文明史，史学成就异常辉煌，梁启超曾说："中国于各种学问中，惟史学为最发达；史学在世界各国中，惟中国为最发达。"③ 中国传统史学积累起来的文献异常繁富，而且有突出的连续性，完整地记载了中华文明演进的历史进程。这不独西欧各国的传统史学无法比拟，在世界各国中也是罕见的。这些文献中蕴含着丰富的历史智慧和精神财富，是中华文化自信的深沉来源。教师通过对史籍史家的讲解，图文并茂地展示，促使学生了解中国的史学状况，以此感染学生，增强学生的民族自信心和自豪感。另外，现当代林林总总的各种舶来的史学理论，容易让人们无所适从。所以，教师通过对这门课的讲解，让学生明白，任何史学理论和方法都是基于本国历史和史学的状况而产生的，中国历史有别于西方，中国史学亦有自己的特色。所以，在外来林林总总的理论中，没有哪一种理论可以准确统筹、解释我国丰富多样的历史，盲目追随西方、削足适履，必然会导致中国史学失去根本和特色，如无根之浮萍，随波逐流。所以，中国传统史学的精粹必须坚守，只有适合中国史学实际情况、凸显中国史学特色的理论才能真正起到指导作用。"中国史学史"课程对这些方面的突出和

---

① 周刘波：《家国情怀：历史教育的价值旨归及其实现路径》，《教学与管理》2017 年第 28 期。

② 刘紫春、汪红亮：《家国情怀的传承与重构》，《江西社会科学》2015 年第 7 期。

③ 梁启超：《中国历史研究法》，上海古籍出版社，1987 年，第 10 页。

强调，亦会激发学生的文化自信。

在"课程思政"视角下开展"中国史学史"课程教学，可着重提高学生的思维能力和认知水平，使学生以辩证的眼光看待问题，科学地评价历史及史书。一般来说，史学成果即使是优秀的史学成果，也都或多或少有其不足之处和时代局限，因此引导学生认识其价值及不足，"爱而知其丑，憎而知其善"①。学习中国史学史，可培养学生的辩证思维，从而提升学生分析问题、解决问题的综合能力。

二、"中国史学史"课程思政教育的融入路径

开展课程思政教育，关键在于如何在专业课中挖掘思政元素，如何将专业课与思政教育相融合，做到润物细无声。"中国史学史"课程综合性很强，它既涉及基础史实，又涉及方法和思维，因此大致可以从史实及观念两方面融入思政教育。

（一）在史实层面融入思政教育

"中国史学史"课程涉及历史事件、历史人物、史学成果等史实层面，这些史实包含着"国家、社会、民族及个人的成与败、兴与衰、安与危、正与邪、荣与辱、义与利、廉与贪等方面的经验与教训"②，有很多与德育相融合之处。

历史事件、历史典故中蕴含着中国传统史学的优秀品质。如《左传》襄公二十五年记载了齐太史群体冒死直笔的事件："太史书曰：崔杼弑其君。崔子杀之，其弟嗣书而死者二人，其弟又书，乃舍之。南史氏闻太史尽死，执简以往，闻既书矣，乃还。"齐国的大臣崔杼弑君齐庄公，齐太史秉笔直书，被崔杼所杀。太史的两个弟弟也如实记载，又都被崔杼杀害。太史的第四个弟弟依然坚持据事直书，崔杼被他们的决心所震撼，没有杀他。南史氏听说太史都死了，拿着竹简前去，想要继续秉笔直书，听到已经如实记载了，这才返还。为了维护记史的直书实录原则，齐国的史官们

---

① 刘知几：《史通》，浦起龙通释本，上海古籍出版社，2009 年，第 374 页。
② 习近平：《领导干部要读点历史——在中央党校 2011 年秋季学期开学典礼上的讲话》，2011 年 9 月 1 日，https：//www.ccps.gov.cn。

个个视死如归，甚至付出了生命。类似的事件还有董狐直笔。《左传》宣公二年记载，晋灵公聚敛民财，残害臣民。执政大臣赵盾，多次苦心劝谏，灵公非但不改，反而企图刺杀赵盾。赵盾被逼无奈出逃，当逃到晋国边境时，听说灵公已被其族弟赵穿带兵杀死，于是返回晋都，继续执政。太史董狐书"赵盾弑其君"，宣示朝廷。赵盾辩解并非他所杀，董狐申明理由说："子为正卿，亡不越境，反不讨贼，非子而谁？"董狐认为赵盾作为执政大臣，在逃亡未过国境时，原有的君臣之义就没有断绝，回到朝中，就应当组织人马讨伐乱臣，不讨伐就未尽到职责，因此"弑君"之名应由他承担。在礼崩乐坏的春秋时期，权臣有着生杀予夺的大权，以礼义为标准的书法原则，早已失去了威严，坚持这一原则，往往会招来杀身之祸。在这样的情形下，董狐依然坚持书法原则，是像齐太史一样冒着生命危险的。据称孔子赞美他："董狐，古之良史也，书法不隐。"齐太史与董狐成为不畏强权，奋笔直书的典范。教师通过讲述齐太史与董狐直笔的典故，可帮助学生对这些有风骨的史家以及史家不惜牺牲生命也要维护记史求真的实录精神产生崇敬之情。在新时代，这种精神可以进一步延伸为研究历史务必实事求是，客观求真，不弄虚作假，遵守学术道德。

历史人物身上有许多闪光的优秀品质。特别是许多历史学家，在为后世留下了大量的、珍贵的历史资料的同时，也为我们树立了精神和品格学习的榜样。"中国史学史"课程通过分析史家的个人经历、品格意志、治学精神等，可激发和锻铸学生的家国情怀、责任担当、勤奋努力等情感和品质。

"修身、齐家、治国、平天下"和"为天地立心，为生民立命，为往圣继绝学，为万世开太平"是很多史家的情怀和担当。如司马迁云："先人有言：'自周公卒五百岁而有孔子。孔子卒后至于今五百岁，有能绍明世，正《易传》，继《春秋》，本《诗》、《书》、《礼》、《乐》之际？'意在斯乎！意在斯乎！小子何敢让焉。"[①] 显示了其"为往圣继绝学"的历史责任感。司马迁一生悲壮，在遭受腐刑后仍坚持不懈地进行撰述，在文字中倾注了自己的价值观，塑造了一批舍生忘死的英雄群像，影响了一代代中国人。又如沈约《宋书》八志多从曹魏讲述，因陈寿《三国志》仅有本纪、列传，无志，《宋书》志仰包曹魏，囊括两晋，弥补了陈寿《三国志》无志的缺憾

---

① 司马迁：《史记·卷一三〇·太史公自序》，中华书局，1959 年。

和当时诸家晋史尚无定本的不足，在史学上有不可低估的成就。这显示出《宋书》志的作者具有自觉的通贯古今、补前史之缺的意识。古代史家身上的这种历史责任感，能够激励学生勇于担当时代责任，肩负起建设中国特色社会主义事业的重任。

有的史家勤奋努力、矢志不渝的品质熠熠生辉。如宋代史家郑樵一生隐居著述。郑樵 16 岁时，他的父亲郑国器去世，小小年纪的郑樵跟堂兄郑厚结庐夹漈山中，谢绝人事，苦心读书。靖康之变后，郑樵与兄郑厚投书枢密院宇文虚中，表达他们抗金的志向，可惜报国之志未遂。郑樵有诗云："犬马有心虽许国，草茅无路可酬君。微臣一缕申胥泪，不落秦庭落暮云。"其在隐居时也是一直关心国家的命运。后来，郑樵把自己的民族情感寄托在学术事业中。他隐居山间 30 余年，靠个人勤奋努力、矢志不渝，终写成巨著《通志》。又如明代史家谈迁，积 26 年之不懈努力，六易其稿，撰成了百卷约 430 万字的巨著《国榷》。岂料两年后，书稿被小偷盗走，他满怀悲痛，发愤重写。经 4 年努力，终于完成新稿。60 岁的他，携第二稿远涉北京，在北京两年半，走访明遗臣、故旧，搜集明朝遗闻、遗文以及有关史实，并实地考察历史遗迹，加以补充、修订。这部呕心沥血之巨作最终得以完成。书成后，署名"江左遗民"，以寄托亡国之痛。郑樵和谈迁靠着矢志不渝、顽强勤奋的精神，集毕生之力完成巨著，给学生以心灵的震撼；同时，在艰难的环境下，他们心系国家命运，亦感染着学生。

古代很多史家都怀有深厚的家国情怀及责任担当意识，并将情感注入史著中，如常璩怀有浓郁的桑梓情感。常璩是晋蜀郡人，他说"巴、蜀厥初开国，载在书籍，或因文纬，或见史记，久远隐没，实多疏略"，"李氏据蜀，兵连战结，三州倾坠，生民歼尽"，"桑梓之域，旷为长野"，"惧益遐弃，城陴靡闻"[①]，他担心家乡的历史遭到湮没而撰《华阳国志》。其对家乡深沉的情感及责任担当意识激励着学生们。又如宋末元初的学者胡三省，其怀有强烈的故国之思，不愿接受元朝统治，心中以宋遗民自居。在《资治通鉴音注》的序文中，其不用元朝年号，采取干支纪年。胡注中凡涉及宋代，或称"我宋"，或称"国朝"。《资治通鉴音注》不仅是精湛的学术著述，而且表达出了坚毅的宋遗民情怀。又明末清初史家万斯同为了不让故国的历史湮没，他不署衔、不受俸，以布衣身份协助清朝史馆纂修《明

---

① 常璩：《华阳国志·卷一二·序志》，刘琳校注本，巴蜀书社，1984 年，第 901－902 页。

史》，希望"纂成一代之史，可藉手以报先朝"①。教师可通过讲述这些史家的家国情怀，向学生渗透"天下兴亡，匹夫有责"的责任担当意识，让学生能够自觉担负起新时代的历史使命，坚定地做中华优秀文化的积极传承者和践行者。"中国史学史"课程强调史家的信念、意志力、家国情怀、责任担当等品格，有助于激发学生"见贤思齐"的意识，从而培养其坚韧不拔、为国为民的优秀品德。

　　史学家给我们留下了丰富的史学成果，特别是以二十四史为代表的史学成就，他们记录了连绵不绝的中华文明，内容充满创新与智慧，展示出了中国传统史学的独特魅力。讲述这些成果亦能融入文化自信、敢于创新等德育内容，如介绍《史记》的体例，分析其总括万有、分类层析的编纂方法。《史记》由本纪、书、表、世家、列传组成的"五体"结构，反映了司马迁将整体历史内容划分几大部类以分头记述的编纂设计。《史记》"五体"是第一层次的归类，各"体"之内，继续进行分类。列传中合传、类传、单人一传、区域或民族政权之传，类别之分尤其明显，是又一层次的分类。《史记》的编纂方法，就是通过分层类析、相互配合的记事，展现总括万有的历史大观。用分类的方法撰史，前提是对历史多样的内容予以全面把握，且认识要达到一定的深度。司马迁的纪传体编纂方法，在史学发展上是伟大的创造，其他史体无法仿从和取代，这在世界范围内是独一无二的。② 这能让学生从中感悟到创新的含义及文化自信。又如《东观汉记》参照《史记》的体例，但作了变通，创"载记"一体。西汉末年有许多割据政权，后陆续被东汉光武帝削平。"载记"就是附载那些不归本朝辖属、不属于叛乱者、也不承认其可与本朝并列而正当存在的政权或势力。这一体例的变通被唐代官修《晋书》所仿效。又如《华阳国志》作为地方史，从内容上将历史、地理、人物相结合，从体裁上将地理志、编年史、人物传相结合，这两个相结合是中国方志编纂史上的一个创举。又如袁枢《通鉴纪事本末》，内容完全抄录自《资治通鉴》，却以记事为中心，"区别门目，以类排纂，每事各详起讫，自为标题。每篇各编年月，自为首尾"，从而创建了纪事本末体。介绍中国史学成果，强调创新之处，从而培养学生的创新意识，增强中国传统文化自信。

---

① 杨无咎：《万季野先生墓志铭》，《石园文集》卷首，《续修四库全书》，第 1415 册 441 页。

② 乔治忠：《中国史学史》，中国人民大学出版社，2011 年，第 80 页。

（二）在观念层面融入思政教育

除历史事实之外，更能彰显历史的价值与意义的，则是观念层面、意识形态层面的史学思想、史学方法、史学视野。相较于基本史实，"中国史学史"课程更关注于介绍中国史学在不同历史时期的变化与发展，探讨进步、理性的史学思想的价值与意义。在中国史学经典中，历史鉴戒思想、经世致用思想、"敬德保民"的民本思想、朴素的唯物主义思想、辩证论思想、实事求是的学术精神等，成为中华民族精神文化的闪光之处，亦可以作为思想政治教育的源泉。

《尚书》作为萌芽时期的重要成就，其中蕴含了浓厚的历史借鉴观念。《尚书·召诰》言："我不可不监于有夏，亦不可不监于有殷"，即将夏、商兴亡的历史引为借鉴，在总结前朝历史的经验和教训之后，提出"敬德""保民"的观念。"敬德""明德"的主张在《尚书》中被再三申说，认为夏、商灭亡是"不敬阙德"造成的。《尚书》亦有重视民众的思想。《尚书·酒诰》称"人无于水监，当于民监"，意思是人不要把水当作镜子，应该把下民作镜子。以民为鉴，包含着重民和重视人心向背的认识。于是，周初统治者明确提出"保民"的政治观念。《康诰》中讲"用康保民"，是说要使民众安康。"敬哉！天畏棐忱，民情大可见。"意思是上天是否诚心辅助你，可以从民情中表现出来。"敬德保民"的民本思想，与习近平总书记强调的"民心是最大的政治"异曲同工。

读史可知今，许多史家有着经世致用的史学思想。唐代杜佑在《通典》自序中开宗明义地说："佑少尝读书，而性且蒙固，不达术数之艺，不好章句之学。所纂《通典》，实采群言，征诸人事，将施有政。"把历史撰述同"将施有政"直接结合起来。他的经世致用的史学思想有三个鲜明的特点。第一，是具有大胆的批判精神。他指出儒家经典中有许多空泛的言论而"罕存法制"；同时又直接批评"历代众贤"，说他们大多局限于指陈"紊失之弊"，而"阙匡救之方"。[①] 第二，在批判的基础上，重实际、讲功效，把对历史的认识转化为现实的实践。杜佑撰《通典》是着眼于现实而关注于"理道"，他主张"理道不录空言"，必然要认真探讨礼法行政，进而研究"政理"的具体措施。第三，把握了社会的症结，反映了时代的要求。"安史之乱"所造成的唐王朝政治力量的削弱和财政收入的困难，极深刻地影

---

① 刘昫等：《旧唐书·卷一四七·杜佑传》，中华书局，1975 年，第 3983 页。

响着杜佑的思想、学风和撰述旨趣。① 这在《通典》中有突出的反映。宋代司马光亦强调历史的经世致用。司马光编纂《资治通鉴》，目的就是要皇帝予以阅读，从中汲取历史的经验和教训，故而"删削冗长，举撮机要，专取关国家兴衰，系生民休戚，善可为法，恶可为戒者，为编年一书"②。其内容以政治、军事、民族关系为中心，对学术文化和不关于政治的历史人物，都没有作为重点来记述。经世致用亦是明末清初思想家顾炎武一生所提倡的治学精神。他有感于明末文人"不习六艺之文，不考百王之典，不综当代之务"，空谈误国，一再强调："文之不可绝于天地间者，曰明道也，纪政事也，察民隐也，乐道人之善也。若此者，有益于天下，有益于将来，多一篇，多一篇之益矣。"③ 称"君子之为学，以明道也，以救世也。徒以诗文而已，所谓雕虫篆刻，亦何益哉！"④ 教师通过讲述史家的经世致用的治学精神，引导学生多关注现实，关心国家和民族的命运。

在人民普遍慑服于天意、神灵的时代，史学作品中不乏对感应、灾祥等迷信说法的怀疑和批判，表现出朴素的唯物主义思想。如司马迁在《史记·封禅书》中对当时盛行的封禅祭祀、祈求神仙活动的虚妄，予以深刻的揭露："今上封禅，其后十二岁而还，遍于五岳、四渎矣。而方士之候祠神人，入海求蓬莱，终无有验。而公孙卿之候神者，犹以大人迹为解，无其效。天子益怠厌方士之怪迁语矣，然终羁縻弗绝，冀遇其真。自此之后，方士言祠神者弥众，然其效可睹矣。"司马迁对方士们神仙方术的荒诞无稽和汉武帝沉迷其中的愚蠢，作了辛辣的讽刺与批判。又如范晔在《后汉书》中批评佛教"好大不经，奇谲无已"，"故通人多惑焉"。⑤ 批评种种方术"斯道隐远，玄奥难原，故圣人不语怪神，罕言性命"；方术怪诞之论"纯盗虚名，无益于用"，不过是有人"希之以成名"的工具罢了。⑥ 在普遍宣扬天命、预言的时代，史书中体现的朴素唯物主义思想更加熠熠发光。教师通过分析史书中的唯物主义思想，向学生渗透唯物主义历史观，培养其

---

① 瞿林东：《中国史学史》，高等教育出版社，2019年，第141页。

② 司马光：《进资治通鉴表》，中华书局，1956年版，第9607页。

③ 顾炎武：《日知录》卷一九"文须有益于天下"条，黄汝成集释本，栾保群、吕宗力点校，上海古籍出版社，2006年，第1079页。

④ 顾炎武：《亭林文集·卷四·与人书二十五》，刘永翔点校，上海古籍出版社，2011年，第148页。

⑤ 范晔：《后汉书·卷八八·西域传后论》，中华书局，1965年，第2932页。

⑥ 范晔：《后汉书·卷八二上·方术列传上》，中华书局，1965年，第2703、2725页。

科学研究历史的方法。

马克思主义唯物史观主张以辩证的观点看待问题，辩证的方法论在中国史学中亦早有体现。如司马迁领会《周易》的通变思维，将"承敝通变""见盛观衰"的思想融入历史思考中，影响到后世历史研究。班固又提出顺时应变的可贵思想，其有两个基本内涵：其一，要根据历史本身的变化来调整政策措施和人们的行为，以适应历史的新形势。其二，历史的运行既有变化性，又有连续性，因而人们应根据具体情况，决定对于前代遗产的取舍。① 顺时应变的观点给古代历史思想注入了新鲜血液，为后来的思想家、改革家提供了有益的启示。又如明代史家王世贞用一分为二的观点就国史、野史、家史的价值进行分析："国史人恣而善蔽真，其叙章典、述文献，不可废也；野史人臆而善失真，其征是非、削讳忌，不可废也；家史人腴而善溢真，其赞宗阀、表官绩，不可废也。"② 王世贞认识到不同史学主体，因所受主客观条件影响的不同，认识途径的不同，会产生对历史事实记事的差异。史家应对不同史料的局限和价值有所认识，注意史料的相互补充，才能相对客观地揭示历史的真相。此论述具有很高的理论与实践的价值。教师通过介绍史家的辩证论观点，可培养学生用变化的、联系的、全面的观点看待问题。

另外，中国史学一直强调的"直书实录"精神亦是思想政治教育的题中应有之义。班固在《汉书》中揭露诸侯王及外戚集团奢侈纵欲、骄淫失道，后人盛赞"不为汉讳"；刘知几作《直书》《曲笔》两篇，热情赞颂那些历史上敢于秉笔直书的人"仗气直书，不避强御"，"肆情奋笔，无所阿容"，"遗芳余烈，人到于今称之"；而严厉批评那种撰史者"谄媚以偷荣"，"事务凭虚，词多乌有。或假人之美，藉为私惠；或诬人之恶，持报己仇"，认为他们的所作所为"安可言于史邪"？清朝史家章学诚进一步提出"史德"，"能具史实者，必知史德。德者何？谓著书者之心术也"。③ 史家治史要有尊重历史真实的基本态度，尽可能不以主观偏见影响客观史实陈述。乾嘉考据学家主张论必有据，据必可信，其治学的共同特点是实事求是。他们利用自己广博的知识，稽古钩沉，对所取得的史料分类排比，通过校

---

① 瞿林东：《中国史学史》，高等教育出版社，2019 年，第 70 页。
② 王世贞：《弇山堂别集·卷二〇·史乘考误》，魏连科点校，中华书局，1985 年，第 361 页。
③ 章学诚：《文史通义》，叶瑛校注本，中华书局，1985 年，第 219 页。

勘、训诂、辨伪、辑佚等手段来究其异同，核其始末。乾嘉考据学家探讨问题，唯以求真、求是为目标，这是古来罕见的学术精神。实事求是、客观求真的学术精神是思想政治教育的重要内容，教师通过强调客观求真的学术精神，帮助学生树立求真求实、诚信科研的良好品德，不弄虚作假，恪守学术道德。

综上，"中国史学史"课程蕴含着丰富的思想政治教育资源，教师从史实层面、观念层面充分发掘思政要素，可以培养学生的家国情怀，增强其民族文化自信，提高其思维能力，增强其建设中国特色社会主义的自觉性和积极性，达到立德树人的根本目标。

高校历史学科课程思政初探

——以中国古代史为例

黄永美

【摘要】 高校历史学科本身蕴含着丰富的思想政治教育资源，而目前发掘不够，不能满足目前国家对高等学校课程思政建设的要求。为实现历史专业课程思政的培养目标，应加强专业课教师课程思政培训，提高专业课教师课程思政能力。特别是专业课教师在备课、授课、课后等课堂的各个环节，适时地、多形式地融入思想政治教育元素，推进课程思政建设，实现育人本质。

【关键词】 高校；历史学科；课程思政

根据教育部 2018 年发布的《普通高等学校本科专业类教学质量国家标准》规定，历史学专业的人才培养目标是："培养学生具有坚定正确的政治方向、扎实的理论基础、广博的历史知识、深厚的人文素养、敏锐的问题意识与思辨能力，掌握历史信息搜集、考证与分析的基本方法，能在历史过程和现实处境中考察特定的历史现象，记录、搜集和处理相关信息，形成合理的见解。"[①] 这些目标中已涵盖思政教育的内容，如培养学生的思辨能力，尤其是历史研究的二重证据法、辩证看问题的方法等。学生们在历史学专业的学习过程中也可以系统地领略和学习中华优秀传统文化。这也符合 2020 年教育部印发的《高等学校课程思政建设指导纲要》要求，即针对不同的专业课开展课程思政，如文学、历史学、哲学类专业课程，要在

[①] 教育部高等学校教学指导委员会：《普通高等学校本科专业类教学质量国家标准》，高等教育出版社，2018 年，第 102 页。

课程教学中帮助学生掌握马克思主义世界观和方法论，从历史与现实、理论与实践等维度深刻理解习近平新时代中国特色社会主义思想。要结合专业知识教育，引导学生深刻理解社会主义核心价值观，自觉弘扬中华优秀传统文化、革命文化、社会主义先进文化。

其实，历史学科蕴含着丰富的思想政治教育资源，如"历史课程本身具有爱国主义教育的特殊功能，是学校对学生进行爱国主义教育的主要渠道，也是在我国高等学校历史教学大纲里所规定的主要任务"[①]。虽然目前授课中，专业课教师也会涉及学生情感的教育和育德能力的培养，但这些往往不是课程主体，"我们在专业课程性质上更多的是强调知识与能力素养，往往容易忽视情感教育和育德能力的浇灌"[②]，所以目前这些培养远远不能够满足现今课程思政建设的需求。课程思政"就是深入挖掘各门课程中所蕴含的思想政治元素和所承载的思想政治教育功能，并将其融入课堂教学的各个环节，实现思想政治教育和知识体系教育的有机统一，构建全员、全程、全课程育人的思想政治教育大格局"[③]。而且 2020 年 5 月 28 日教育部印发的《高等学校课程思政建设指导纲要》明确提出，课程思政建设要紧紧围绕坚定学生理想信念，以爱党、爱国、爱社会主义、爱人民、爱集体为主线，围绕政治认同、家国情怀、文化素养、宪法法治意识、道德修养等重点，优化课程思政内容供给，系统进行中国特色社会主义和中国梦教育、社会主义核心价值观教育、法治教育、劳动教育、心理健康教育、中华优秀传统文化教育。面对新时代、新形势下的新要求，历史专业课进行课程思政建设非常有必要，但也是一项巨大工程，需要不断探索和实践。

一、高校历史学科开展课程思政建设的必要性

2016 年 12 月，习近平总书记在全国高校思想政治工作会议上指出，要坚持把立德树人作为中心环节，把思想政治工作贯穿教育教学全过程，实现全

---

① 艾买提江·阿布力米提：《高校"世界近代史"课程思政教学实践研究》，《长春大学学报》2021 年第 6 期。

② 颜小华：《历史学专业核心课程思政教学改革与思考》，《教育现代化》2019 年第 51 期。

③ 梁暹：《关于课程思政的几点思考》，《教育教学论坛》2018 年第 30 期。

程育人、全方位育人，努力开创我国高等教育事业发展新局面。2018年，习近平总书记在全国教育大会上继续强调思想政治工作的重要性，同时指出思想政治工作是当前学校各项工作的生命线，教育工作者要把思想政治工作做在日常、做到个人；要一以贯之，有始有终，贯穿始终，无处不在。2018年，教育部出台"新时代高教40条"。2020年，教育部印发的《高等学校课程思政建设指导纲要》指出，全面推进课程思政建设是落实立德树人根本任务的战略举措。国家一再重申高校课程思政建设，可见其建设已刻不容缓，而且明确指出，高校课程思政不仅仅是学生个人问题，还关系到国家接班人问题，甚至决定着国家长治久安、民族复兴和国家崛起的问题。

教育部已明确提出课程思政要围绕全面提高人才培养能力这个核心点，在全国所有高校、所有学科专业全面推进。因此，课程思政的建设不只是思政课教师的任务，还包括专业课教师。教育部成立课程思政建设工作协调小组，统筹研究重大政策，指导地方、高校开展工作；组建高校课程思政建设专家咨询委员会，提供专家咨询意见。教育部还树一批课程思政建设先行校、一批课程思政教学名师和团队，推出一批课程思政示范课程、建设一批课程思政教学研究示范中心，设立一批课程思政建设研究项目，推动建设国家、省级、高校多层次示范体系，大力推广课程思政建设先进经验和做法，全面形成广泛开展课程思政建设的良好氛围，全面提高人才培养质量。这就为各地各高校的发展提供了政策、方针、专家人员的支持和示范带动。

教育部印发的《高等学校课程思政建设指导纲要》还明确指出，建立健全多维度的课程思政建设成效考核评价体系和监督检查机制，提出把教师参与课程思政建设情况和教学效果作为教师考核评价、岗位聘用、评优奖励、选拔培训的重要内容；在教学成果奖、教材奖等各类成果的表彰奖励工作中，突出课程思政要求，加大对课程思政建设优秀成果的支持力度；同时还针对不同的专业课开展课程思政提出方针，这便为高校历史学"课程思政"建设指明了前进方向。

因为"历史学科本身承载着丰富广博的具体史实。中华民族五千余年绵延不绝的历史中蕴含着高度凝结的民族精神"①。然而以往的教学中注重

---

① 胡小溪、李凯：《高校历史学科课程思政体系建构初探》，《黑龙江高教研究》2021年第4期。

的是史学能力的培养，"中国史学在长期的发展过程中既形成了求真、致用的传统，也对史学工作者提出了严谨务实、客观中立、理论深厚、责任感强等诸多要求。历史学专业的这些独特的特点，就要求在历史专业课程思政培养目标设定的过程中突出专业性，突出马克思主义唯物史观的指导，要'博学于文，行己有耻'，把做人、做学问、做事情结合起来"①。现在，"'课程思政'视角下，高校历史教学须突破学科知识教学的传统局限，要通过史实教育帮助学生了解国史、国情，增强学生的民族自尊心、自信心和自豪感，激发学生爱国主义情感和建设中国特色社会主义的自觉性。历史教学也要帮助学生建立正确历史观、价值观、世界观，引导学生以逻辑思维、辩证思维看待历史、剖析历史，从而切实提高学生分析问题、解决问题的能力，为深化思政教育效果提供保障"②。

虽然目前高校历史学教学已在帮助学生们掌握马克思主义方法论，但对中国传统文化的展示和意义讲解得还不够深刻，学生获得的民族自信心和自豪感还不够强；对历史中蕴含的高度凝结的民族精神挖掘得还不够深刻，对历史中影响学生的政治认同、家国情怀等内容的重视程度不够，还有待发掘。将历史学专业中蕴含的思想政治教育元素挖掘得还不透彻，更没有很好地将其所承载的思想政治教育功能融入课堂教学的各个环节，在思想政治教育和知识体系教育的有机统一环节中做得还不到位。目前历史专业教学工作中这一系列的问题，都在提醒我们，在传授知识的时候，育人同样不能放松。

二、思想政治教育在高校历史学课程中的融入

《高等学校课程思政建设指导纲要》（以下简称《指导纲要》）明确指出课程思政建设是一项系统工程。《指导纲要》指出，培养什么人、怎样培养人、为谁培养人是教育的根本问题，立德树人成效是检验高校一切工作

---

① 胡小溪、李凯：《高校历史学科课程思政体系建构初探》，《黑龙江高教研究》2021 年第 4 期。

② 王静：《"课程思政"视角下高校历史教学的思考与探索》，《北京城市学院学报》2021 年第 2 期。

的根本标准。然而调研显示："一些教师'只教书，不育人'，仍然满足于传统的'知识灌输型'教育，忽略了社会主义核心价值观的教育引导。调研结果显示，80%的受访教师对实施课程思政建设表示认同，但是迫于时间和精力，专业课程教学备课过程中无力挖掘思政元素和创新教学方法，仅20%的教师在积极实施课程思政建设，并尝试在做中学、在学中做，努力将知识传授、能力培养和价值观引导等三者有机统一于专业课程的教学过程中。"①

因此，做好高校课程思政建设这项工程，首先需要各地教育部门和高校要结合实际研究制订各地、各校课程思政建设的工作方案，健全工作机制，强化督促检查。其次，各地、各高校领导意识上要重视起来，积极按照《指导纲要》执行。这就需要各地高校一方面要尊重教育教学规律和人才培养规律；另一方面也要遵循各校自身发展情况，根据不同专业、不同课程的特点，强化分类指导，确定统一性和差异性要求。切不可急功近利，搞一刀切，搞照搬模式。

当然，最为关键的是要充分发挥教师的主导作用，高校的一线教师是课堂的搭建者和参与者，能否实现将思想政治教育切实渗入课堂的各个环节，实现思想政治教育和知识体系教育的有机统一，主要依赖于课堂教师和学生的结合。

（一）提高历史专业教师的课程思政能力

如果为建设课程思政再另外开设课程，或再增设教师，则势必影响其他原有课程的时间。以我校《中国古代史（一）》为例，由于课程建设现在已从原来的108课时调整到98课时，增加新的课程必将减少专业课课时量，即必将影响教师的授课质量，这与教育部纲要要求不符合，无法实现专业课的课程思政。应该调动目前专业课教师参与课程思政建设的积极性，因为"专业课教师也存在思想政治、意识形态等把握不准的问题，包括对教材涉及专业知识内容所蕴含的马克思主义基本原理、社会主义核心价值观、理想信念、职业准则、法治思想、学术诚信等等，无力把教材中蕴含的隐

---

① 胡金富、程艳：《"三全育人"视角下高校课程思政建设的问题与对策》，《昌吉学院学报》2021年第4期。

性思政元素充分挖掘出来"①。具体做法，可以响应教育部号召，加强培训，搭建历史专业课程思政建设交流平台；或者开展典型经验交流、现场教学观摩、教师教学培训等活动；或者利用现代信息技术手段，促进历史专业优质资源共享共用；可以开展教学能力专题培训等；可以充分发挥教研室、教学团队、课程组等建立历史课程思政集体教研制度；也可以依赖我校马克思主义学院和相关学科专业教学组织的作用，鼓励支持思政课教师与历史专业课教师合作教学教研，构建多层次课程思政建设研究体系。

同时，也可以通过考核机制鼓励教师参与到课程思政建设中来，建立健全多维度的课程思政建设考核评价体系和监督检查机制，学校制定科学多元的课程思政评价标准，把课程思政建设成效作为教学绩效考核等内容。把教师参与课程思政建设情况和教学效果作为教师考核评价、岗位聘用、评优奖励、选拔培训的重要内容。也可以在教学成果奖、教材奖等各类成果的表彰奖励工作中，突出课程思政要求，加大对课程思政建设优秀成果的支持力度，以此来调动每一位教师参与课程思政建设的积极性和主动性。

（二）历史教师要明确本课程的思政目标

大学生多是刚满 18 周岁的大孩子，他们的世界观、人生观、价值观还尚未完全定型，这也是这一阶段开展学生思想教育的基础。而且他们进入大学后，从满满教学安排的高中进入相对宽松、自主的大学，可以自主选择时间变多，但是由于他们还没有坚强的自制力和自控力，如果这段时间迷茫或者空档，很容易误入歧途。同时，学生"突破原来单纯追求学习成绩的单一目标，逐渐在探索真理的过程中思考人生的追求与价值，对未来的目标逐渐清晰，对社会的责任感逐渐增强"②。因此，历史专业课程思政培养目标设定时，要考虑大学生所处的发展阶段以及该阶段的人生困惑，从解决现实问题角度入手，结合长远思想问题，提炼出历史与史学中的精华，掌握历史学习规律，指导现实。

所以任课教师授课时，既要考虑到学生的承受能力，也要考虑到学生这个时期的角色转换。历史课课堂思政，要注意辅导学生利用空档时间进行历史充实，引导学生合理地安排空余时间，树立激情、高昂的生活态度，

① 胡金富、程艳：《"三全育人"视角下高校课程思政建设的问题与对策》，《昌吉学院学报》2021 年第 4 期。

② 胡小溪、李凯：《高校历史学科课程思政体系建构初探》，《黑龙江高教研究》2021 年第 4 期。

追求有目标、有理想的生活。"'课程思政'视角下高校开展历史教学，要着重提高学生的思维能力和认知水平，使学生在历史进程及其内在规律影响下，能辨别历史是非、科学评价历史，能以辩证眼光看待历史进程和社会发展，从而激发学生的责任感与使命感，增强学生建设中国特色社会主义的自觉性与积极性。"① 因此，历史专业教师上课不仅仅要帮助学生掌握历史专业知识，更要帮助学生学习历史人物、英雄事迹，在历史中寻找榜样力量。

（三）课程思政融入历史课堂的各个环节

1. 准备课程大纲、教案之时

在历史教师课程思政培养目标明确的前提下，历史任课教师在准备课程大纲、教案之时，应该明确本课程、本节课要讲述的思政内容，既要有有意的、直接的讲述思想政治教育内容，也要有间接的、隐含的思想引导内容，如历史人物榜样示范作用，"冯唐易老、李广难封"、"苏武牧羊"十九年气节不变，重义节、重信念、重尊严；"投笔从戎"勇于建功立业的班超，忍受"胯下之辱"的韩信，他们都有着鲜明的时代个性和很好的激励作用。

2. 授课过程中

在授课过程中，教师可以采用多种形式进行学生思想政治教育。第一，文献解读。历史学习主要是通过解读原文献了解历史、认识历史，同样可以通过原文献阅读认识道德的重要性，如《左传》曰："太上有立德，其次有立功，其次有立言，虽久不废，此之谓不朽。"② 《论语》说："志于道，据于德，依于仁，游于艺。"③ 《大学》讲："大学之道，在明明德，在亲民，在止于至善。"④ 说明良好的道德品质是每一个人"建功立业"的重要前提，古往今来，一贯如此，激励同学们不仅要掌握丰富的历史知识，更要做一个道德高尚的人。

第二，授课也可以打乱教材顺序，例如对比式授课方式，打破中国史、世界史原有模块限制，在学习科技文化发展时，让学生将我国古代科技文

---

① 王静：《"课程思政"视角下高校历史教学的思考与探索》，《北京城市学院学报》2021年第2期。

② 杨伯峻：《春秋左传注》，中华书局，2000年，第1088页。

③ 蒋沛昌：《论语今释》，岳麓书社，1999年，第96页。

④ 朱熹：《四书集注》，岳麓书社，2004年，第5页。

化和当时世界科技文化进行一个比较，然后进行总结，这样能够让学生对我国科技有更清楚的认识和定位，从而增强民族自信心，坚定我们的文化自信。"教师可以在教学中结合中国传统文化和改革开放的伟大成就，引导学生增强对"四个自信"的理解与认同。"① 也可以将资本主义国家先进的科技和明清闭关锁国以来的中国科技进行对比，从而让学生认识到，要勇于进取，落后就要挨打，科技就是力量，让学生有为祖国的强大而奋发向上努力学习的使命和责任。

第三，在展开讨论式的授课中，教师适时延伸发问也可以引导学生，对学生进行思想教育。例如在讲解魏晋南北朝这段历史时，可先展开对这段历史更替原因的讨论。讨论后，及时总结，让学生感受这段历史的更替、历史跌宕、社会动荡不安，相比于我们今天的稳定、安康生活，及时发问，今天的我们应该为中华民族的复兴做点什么？鼓励学生在享受今天美好时光的同时，树立远大的理想抱负，为国做贡献。

同时，进行及时的家国情怀教育。梁任公言："史学者，学问之最博大而最切要者也，国民之明镜也，爱国心之源泉也。"② 《大学》云："古之欲明明德于天下者，先治其国；欲治其国者，先齐其家；欲齐其家者，先修其身。"③ 大禹治水，三过家门而不入；苏武牧羊持节不屈；岳飞精忠报国；文天祥誓死不降，"留取丹心照汗青"。顾炎武提出"天下兴亡，匹夫有责"，唤起无数中华儿女投身到挽狂澜、谋富强和复兴中华的洪流中……历史在变化，规律永不变，时空在扭转，但是"家国情怀早已成为激人奋进的思想源泉，成为人们赓续传承的文化传统，激起几多志士仁人'继往开来'的壮志豪情"④。也可以充分利用唐诗宋词等感染学生，于润物无声中培养学生的家国情怀。利用历史人物的人生追求激励学生、借助文学作品感染学生，以杜甫的《春望》为例："国破山河在，城春草木深。感时花溅泪，恨别鸟惊心。烽火连三月，家书抵万金。白头搔更短，浑欲不胜簪"，教师对诗歌的解读更易激起学生的"共情"。纵观古今，以天下为己任，与

① 王晓青、许成安：《"课程思政"的教学理念、元素挖掘与实践路径——以西方经济学课程为例》，《湖北经济学院学报（人文社会科学版）》2021 年第 10 期。

② 梁启超：《中国历史研究法》，中华书局，2009 年，第 175 页。

③ 朱熹：《四书章句集注》，中华书局，1983 年，第 3 页。

④ 彭佳、阎晓雪、张冬梅、薛志清：《"课程思政"融入历史学专业教学的探索——以家国情怀融入中国史教学为例》，《河北北方学院学报（社会科学版）》2021 年第 2 期。

国家民族休戚与共的家国情怀是中华民族一脉相承的文化源泉。古往今来的伟大人物以及他们的作品堪称支撑民族脊梁的精神力量。①

第四，授课中也可以历史联系实际，加入本土文化历史。每一个同学都对自己的家乡熟悉又热爱，而每一个地方都在不同的历史时期发挥了不同作用，可以选择不同地区的学生作为代表进行讲解。可以利用历史人物、历史地点结合"家乡"，如刘邦建立汉王朝，可以选徐州籍、西安籍同学作为代表，来讲刘邦家乡情况、建都长安情况。因为"在历史教学中，有机有效地融入乡土历史，使学生在'家乡'与'国家'的情感上产生共鸣，使家国情怀具体化。通过现场考察本土历史遗存、查阅地方史档案和访谈等形式，激发学生对家乡的认同感、自豪感与使命感"②。

第五，一味的教师教、学生学的教学方式，已经引起学界讨论，以学生为主角的课堂越来越成为主流，而且如今网络普及，可以通过网络来丰富授课方式，"通过丰富教学形式提高学生的获得感，是增强"课程思政"实效的重要手段。新时代大学生生活在多元信息化情境下，对传统的单纯说教易产生厌烦甚至逆反情绪，而对于互联网信息的接收具有较高的自主性和选择能力"③。"借助网络教学资源，开发线上平台资源的引入，例如，智慧树与 MOOC 教学资源涉猎面广、全面、详细，引用供学生辅助学习，对拓展教学的宽度和深度有积极作用。开展线上线下混合式授课的探究，发掘一切可用资源，打造无界课堂。将思政要点，自然融入其中，发挥全方位育人作用。"④ 目前我们的课堂也开始灵活多样化，开始借助网络将优质网络资源引入课堂。

3. 实践课堂

为丰富课堂内容、灵活课堂形式，也可以开展实践课堂，带学生实际参观历史遗址、历史博物馆、名人故居，通过身临其境的考察，切实去感受"这段历史"，在此过程中也可以进行思政教育，"多为学生创造实践参

① 彭佳、阎晓雪、张冬梅、薛志清：《"课程思政"融入历史学专业教学的探索——以家国情怀融入中国史教学为例》，《河北北方学院学报（社会科学版）》2021 年第 2 期。

② 彭佳、阎晓雪、张冬梅、薛志清：《"课程思政"融入历史学专业教学的探索——以家国情怀融入中国史教学为例》，《河北北方学院学报（社会科学版）》2021 年第 2 期。

③ 王珩：《"双一流"建设背景下课程思政的实践路径研究——以中国地质大学（武汉）地质学专业为例》，《湖北社会科学》2020 年第 8 期。

④ 吴晓莉：《高校历史学科课程思政改革与创新——以"中国近代史"课程思政建设为例》，《黑龙江教育（理论与实践）》2021 年第 1 期。

与机会，通过带领学生参加学科竞赛、调查访问、课题研究等第二课堂活动，营造师生课外交流互动的和谐氛围，进一步发挥教师言传身教的育人职能，更便于实现'课程思政'的育人目标"①。

　　总之，面临课程思政的新要求，各学科、各个专业课教师都应该承担起"课程思政"建设的责任，响应并积极地参与到课程思政建设的大军中。而且"'课程思政'是大学教育回归育人本真的关键，既是一种教学理念，也是一门科学艺术，它为高校培养创新合格的接班人提供了重要的思想政治教育途径，有利于最大限度地集思广益、形成育人合力。'课程思政'带给高校教育工作者的正是不断改进和完善传统教学模式的特殊契机，推进了我们对新时代教育教学的认知、思考和"思政"创新，更好地担负起学生健康成长的指导者和引路人的责任"②。因此各位历史学专业教师，应明确历史学课程思政的责任和目标，在备课准备、授课中以及课后补充等不同环节中，适时地、多种方式地引入学生思想教育方面的内容：或立德树人；或展示中国传统文化，树立民族自信心；或激励树立人生目标，奋发图强为国作贡献等，以实现大学育人的本质。

　　① 　王晓青、许成安：《"课程思政"的教学理念、元素挖掘与实践路径———以西方经济学课程为例》，《湖北经济学院学报（人文社会科学版）》2021 年第 10 期。

　　② 　王晓青、许成安：《"课程思政"的教学理念、元素挖掘与实践路径———以西方经济学课程为例》，《湖北经济学院学报（人文社会科学版）》2021 年第 10 期。

论历史学基本功能与课程思政的契合

丁佳伟

【摘要】　历史学总结经验教训和道德劝诫的基本功能，与课程思政的"德育"本质不谋而合，既满足了课程思政价值塑造的诸多着力点，为其提供了丰富的教育资源，同时也提高了思政教育的说服力、可信度乃至广度和深度。

【关键词】　历史学；功能；课程思政

中国自古就有治史的传统，历代史籍中保存着深厚的历史智慧和精神财富。习近平总书记高度重视历史，在多个场合就学习、借鉴历史的重要性发表了一系列深刻的讲话，并将历史学定位到一切社会科学之基础的高度。在党和国家大力倡导课程思政育人的今天，古老而又历久弥新的历史学当然责无旁贷。本文主要就历史学的基本功能与课程思政教育的主要任务、着力点之间的关联问题做一简单梳理。

一、历史学的基本功能

史学是一门古老的学问，至少在殷商时期，我国就开始形成浓厚的治史传统，"惟殷先人，有典有册"（《尚书·多士》）。甲骨卜辞和青铜铭文中也多有遣"史"作"册"的记载。在人文主义快速发展的周代，周王室有国史《周书》，各诸侯国也都有历史撰述，如鲁之《春秋》、楚之《梼杌》、晋之《乘》等。在官方主导的史学编纂之外，孔子修订《春秋》又开私家修史的先河。中国传统史学经过春秋战国时期思想文化的多元发展而逐步繁荣。

对于史学的基本功能，历代史家多有论述。太史公修《史记》，"网罗天下，放失旧闻，王迹所兴，原始察终，见盛观衰"，意在"究天人之际，通古今之变，成一家之言"。① 陈寿撰《三国志》，称："辞多劝诫，明乎得失，有益风化。"② 袁宏在《后汉纪》中认为："史传之兴，所以通古今而笃名教也。"③ 刘知几则指出："史之为务，申以劝诫，树之风声。"④ 而司马光修《资治通鉴》"专取关国家盛衰，系生民休戚，善可为法，恶可为戒者，为编年一书"，其目的是通过"鉴前世之兴衰，考当今之得失，穷探治乱之迹"，以此"有资于治道"。⑤ 梁启超先生认为："史者何？记述人类社会赓续活动之体相，校其总成绩，求得其因果关系，以为现代一般人活动之资鉴者也。"⑥

西方史学家对于史学的基本功能，亦多有精彩论述。被西方视作"历史学之父"的希罗多德声称撰写《历史》一书是"为了保存人类的功业……使希腊人和异邦人的那些值得赞叹的丰功伟绩不致失去它们的光彩，特别是为了把他们发生纷争的原因给记载下来"⑦。而塔西佗认为："历史之最高职能就在于保存人们所建立的功业，并把后世的责难，悬为对奸言劣行的一种惩戒。"⑧ 爱德华·卡尔指出："只有借助于现在，我们才能理解过去；也只有借助于过去，我们才能充分理解现在。使人理解过去的社会，使人增加掌握现在社会的能力，这就是历史的双重作用。"⑨ 而美国"现代主义"史学代表卡尔·贝克尔在《什么是历史事实》一文中指出："过去事件的印象和观念之结合就是历史……用我们个人经历之外的事件、地点、人物、观念和感情的不断积累的印象，使我们的头脑丰富起来，并通过我们对社会、国家、民族的经历的回忆，而使我们的经验丰富起来。"⑩

综合中西方史家的论述，我们认为史学的基本功能应主要包括以下两个方面：一是总结历史发展的经验教训及其内在规律，并为现代社会所资

① 《史记·太史公自序》，中华书局，1959 年，第 3319 页。

② 《晋书·陈寿传》，中华书局，1974 年，第 2138 页。

③ 袁宏撰，张烈殿校：《后汉纪》序，中华书局，2017 年，第 1 页。

④ 刘知几著，浦起龙通释，王煦华整理：《史通通释》，上海古籍出版社，2009 年，第 179 页。

⑤ 司马光：《资治通鉴·进书表》，中华书局，1956 年，第 9739 页。

⑥ 梁启超：《中国历史研究法》，《饮冰室合集》第 16 册，中华书局，1936 年，第 1 页。

⑦ 希罗多德：《历史》上册，王以铸译，商务印书馆，1985 年，第 1 页。

⑧ 塔西佗：《编年史》，王以铸译，商务印书馆，1981 年，第 185 页。

⑨ 爱德华·卡尔：《历史是什么?》，吴柱存译，商务印书馆，1981 年，第 57 页。

⑩ 卡尔·贝克尔：《什么是历史事实》，《现代西方历史哲学译文集》，张文杰等译，上海译文出版社，1984 年，第 40 页。

鉴，即学者所谓"有助于人类认识自身以及由先前世代积累和沿革给现今人类所提供的全部主客观条件，有助于人类从先前历史活动中吸取必要的经验与教训，有助于人类了解历史发展的内在规律和必然趋势，有助于人类精神的培育、制度的革新和对于未来世界的创造"①。在恩格斯看来，历史学最重要的使命"就是要发现那些作为支配规律在人类社会的历史上起作用的一般规律"②。借助对历史规律的认识和把握，可以更好地为现代社会的发展提供方向性和经验性的指导；二是史学的"劝诫"功能，即道德的反思与扬弃，并指导当下道德标准和行为规范的制定，也就是陈寿所谓的"有益风化"；刘知几所谓的"申以劝诫，树之风声"。黑格尔指出："人们常常从历史中希望求得道德的教训；因为历史家治史常常要给人以道德的教训。不消说，贤良方正的实例足以提高人类的心灵，又可以做儿童的道德教材，以灌输善良的品质。"③ 虽然不同历史时期的道德标准和行为规范不尽相同，但正直、忠义、诚信、廉洁、奉献等优秀品质、精神虽历千百年却始终受到世人的推崇而彪炳千秋，奸诈、贪婪、懒惰等劣行则无一例外地为后世所诟病和批判。在明晰历史学的基本功能后，我们再来分析课程思政的要义。

二、课程思政的要义

2020 年 5 月，教育部印发了《高等学校课程思政建设指导纲要》（以下简称《纲要》），要求把思想政治教育贯穿人才培养体系，全面推进高校课程思政建设，发挥好每门课程的育人作用，提高高校人才培养质量。

习近平总书记早在 2016 年全国高校思想政治工作会议中就曾指出："要坚持把立德树人作为中心环节，把思想政治工作贯穿教育教学全过程，实现全程育人、全方位育人，努力开创我国高等教育事业发展新局面。"而《纲要》也明确指出："全面推进课程思政建设是落实立德树人根本任务的

---

① 姜义华、瞿林东：《史学导论》，复旦大学出版社，2018 年，第 35 – 36 页。
② 恩格斯：《路德维希·费尔巴哈和德国古典哲学的终结》，《马克思恩格斯选集》第 4 卷，人民出版社，1956 年，第 247 页。
③ 黑格尔：《历史哲学》，王时造译，三联书店，1956 年，第 44 页。

战略举措，是全面提高人才培养质量的重要任务"，"课程思政建设工作要围绕全面提高人才培养能力这个核心点"。由此可见，课程思政的主要任务在于育人，即"让所有高校、所有教师、所有课程都承担好育人的责任"。但众所周知，学生的能力培养具有多样性、多元性，弄清课程思政究竟强调对学生哪些素养的培育才是问题的关键。《纲要》进一步指出："落实立德树人根本任务，必须将价值塑造、知识传授和能力培养三者融为一体、不可分割。全面推进课程思政建设，就是要寓价值观引导于知识传授和能力培养之中，帮助学生塑造正确的世界观、人生观、价值观……"虽然《纲要》将价值塑造、知识传授和能力培养三者并重，但众所周知，知识传授和能力培养本来就是高等教育乃至一切教育的题中应有之义，脱离了知识传授和能力培养，教育便无从谈起。那么，显而易见，课程思政更为突出强调的乃是价值的塑造，即区别于"智育"的"德育"问题。这显然与史学道德反思、扬弃的"劝诫"功能息息相关。

学生的价值塑造应该着力于哪些方面？《纲要》要求"围绕政治认同、家国情怀、文化素养、宪法法制意识、道德修养等重点优化课程思政内容供给，系统进行中国特色社会主义和中国梦教育、社会主义核心价值观教育、法治教育、劳动教育、心理健康教育、中华优秀传统文化教育"。马克思、恩格斯在《德意志意识形态》中指出："我们仅仅知道一门唯一的科学，即历史科学。"[1] 历史科学之所以被视为一门唯一的科学，如学者所论："是因为所有其他科学，毫无疑问地，所研究的都是事物的发展、变异、转化、更新的过程，以及各不同事物相互之间的关系；所研究的无论是长时段的还是短时段的，是宏观的还是微观的，是综合性的还是专门性的，是运动状态的还是静止状态的，事实上，都离不开历史学的时间概念。"[2] 明晰于此，则《纲要》提及的课程思政教育的所有着力点都可以从历史学中找到各自源起、发展、演进的过程。那么，对习近平新时代中国特色社会主义思想的认同和体悟当然离不开对中国共产党百年奋斗历程的把握，离不开对中国近代史、共和国史、社会主义建设史的深入认识；对社会主义核心价值观的凝练和中华优秀传统文化的宣扬也必然建立在批判继承、扬

① 马克思、恩格斯：《德意志意识形态》，《马克思恩格斯选集》第3卷，人民出版社，1956年，第20页。

② 姜义华、瞿林东：《史学导论》，复旦大学出版社，2008年，第31页。

弃发展中国传统文化价值理念的基础上；而法治教育和劳动教育也需要借助刚正不阿、铁面无私的中国传统法治文化精神和勤劳勇敢、生生不息的民族奋斗史资源；心理健康教育也可以从老庄、孔孟等中国传统哲学文化中汲取养分。总之，历史学可以为《纲要》提及的课程思政教育的所有着力点提供取之不尽、用之不竭的文化资源。

三、历史学与课程思政之契合

基于以上分析，我们可以清楚地看到，无论是课程思政的主要任务，还是具体的着力点，都与历史学的两大主要功能存在着天然的契合。

一方面，史学的"劝诫"功能即道德的教化与感召，与课程思政的"德育"本质不谋而合。李大钊先生说："吾人浏览史乘，读到英雄豪杰为国家为民族舍身效命以为牺牲的地方，亦能认识出来……他们感觉到这社会的要求敏锐些，想要满足这社会的要求的情绪激烈些，所以挺身而起为社会献身，在历史上留下可歌可泣的悲剧、壮剧。我们后世读史者不觉对之感奋兴起，自然而然的发生一种敬仰心，引起有为者亦若是的情绪，愿为社会先驱的决心亦于是乎油然而起了。"① 李大钊先生所谓"油然而起"便是历史学为现实提供道德借鉴的重要表现。中华文明源远流长，涌现出了一大批为国、为家舍生忘死、可歌可泣的英雄人物；也诞生了一大批坚贞不屈、忠于职守、刚毅勇武的伟大人物。他们的传奇故事、他们的优秀品德、他们的伟大精神正是课程思政中"德育"的绝佳素材。史学的"劝诫"功能既有对优秀道德品质的颂扬，当然也包括对恶行劣迹的批判与反思，即刘知几所说的"《春秋》之义也，以惩恶劝善为先"②。在漫长的历史长河中，有着恶行劣迹的人物也不在少数，他们奸诈、贪婪、残忍的特质同样可以为课程思政的"德育"提供反面教材。例如，当读到秦桧以"莫须有"的罪名将抗金名将岳飞残忍杀害时，我们对秦桧奸诈的本质必然是深恶痛绝并嗤之以鼻。

另一方面，总结人类历史的一切经验、教训并为后世所资鉴的史学功

---

① 李大钊著：《李大钊史学论集》，河北人民出版社，1984年，第247页。
② 刘知几著，浦起龙通释，王煦华整理：《史通通释》，上海古籍出版社，2009年，第555页。

能，既满足了课程思政价值塑造的诸多着力点，为其提供了丰富的教育资源，同时也提高了思政教育的说服力、可信度乃至广度和深度。一方面，历史学"是政治、法律、哲学、神学，总之，一切属于社会而不是单纯属于自然界的领域的简单概括"[1]。"史外无学，举凡人类智识之记录，无不丛纳之于史。厥后经二千年分化之结果，各科次第析出，例如天文、历法、官制、典礼、乐律、刑法等……"[2] 历史学的包罗万象足以满足课程思政所有着力点的需要。除此之外，历史学的实证性使之成为最为有效的一种尺度，任何学说、任何理论、任何道德、任何方法都将接受历史的检验。它们是否包含真理性或者包含了多少真理成分，都将由历史给出明确、公正的裁决。因而借由历史经验给予的思政教育素材必然具有得天独厚的说服力和可信度。例如，当教师用战国七雄变法图强——谁变法越彻底，谁就越能存活下来的史实来引导学生认识改变自我之重要性时，其说服力比空洞的说教强得多。当然，更为重要的是，历史学的时序性为课程思政教育主题提供纵贯古今的演进历程，从而切实提高思政教育的深度和广度。恰如巴勒克拉夫所论，"只有研究社会在连续不断的变化中呈现自己的各种力量的动态格局，才有可能达到一定的深度"[3]。因此，无论是中国特色社会主义教育、社会主义核心价值观教育、法治教育，还是劳动教育、心理健康教育、中华优秀传统文化教育，都需要将其放到人类文明史、中国古代史、近现代史、共和国史、社会主义发展史的大背景和大格局中去，以把握相关主题自身的发展演进历程。如此，呈现给学生的课程思政教育必然带有厚重的历史感、穿心透肺直指心灵深处的感召力，而不是简单空洞的道德概念或道德符号。

总之，历史学总结经验教训和道德劝诫的基本功能，不仅从历史学实证性的角度为课程思政提供了体量庞大的教育素材，提高了课程思政教育的可信度，还从历史学时序性的角度加深了课程思政的深度，使课程思政与"四史"教育、避免历史虚无主义等当前重要的教育主题紧密结合。在新的历史时期，愿"周虽旧邦，其命维新"的历史学责无旁贷地担负起育人的崇高使命。

---

① 恩格斯：《致弗·梅林》，《马克思恩格斯选集》第4卷，人民出版社，1956年，第726页。
② 梁启超：《中国历史研究法》，《饮冰室合集》第16册，中华书局，1936年，第32页。
③ 杰弗里·巴勒克拉夫：《当代史学主要趋势》，杨豫译，上海译文出版社，1987年，第342页。

中国古代书院德育为先
教育理念实践路径探究①

兰　军　邓洪波

【摘要】　　书院是中国历史上独具特色的文化教育组织，是唐宋以来儒家文化的大本营。南宋以来书院逐渐形成涵盖祭祀熏染、山长表率、德业考核、学规要求为主的品德教育路径，确保立德树人宗旨的实现。祭祀活动将先哲前贤伟大人格树立为生徒心中理想形象，进而养成知礼义、明廉耻的高贵品质。山长长期住院，师生朝夕相处，以身作则，使生徒变化气质。学规以方圆规矩为生徒遵守的法则。中国古代书院立德树人教育路径对当今高校培育德才兼备的学生，改变重知识、轻道德教育现状，提升德育工作水平具有较高借鉴价值。

【关键词】　　书院；德育为先；教育理念；学规

儒家思想是中国传统文化的主体，"仁"作为儒家学说的核心，被视为最高道德标准，故而儒家教育的鲜明特色即在于对道德人格的关注。儒家人文教育始终致力于一个重要目标，就是如何培养出主体性道德人格。

南宋前期，鉴于官学沦为科举附庸的流弊，以朱熹为代表的理学家提出了新的教育宗旨，即要求恢复儒家先秦教育的传统，以道德人格作为书院教育的最终目的。书院对生徒的培养在学术知识之外，更关注良好道德品格养成的传统由此确立。书院作为一种与传统官学、私学并立的教育组织，其讲学内容、宗旨虽多有变易，但训育生徒品德养成的宗旨始终未变，

---

①　本文系江苏省教育科学"十四五"规划2021年度青年专项重点课题"中国古代书院德育为先教育路径及现代价值研究"（C-b/2021/01/49）成果之一。

承袭中国传统的伦理观念，旨在变化生徒气质，使之成为明伦知礼的士子。

中国古代书院教育的鲜明特色，是书院对生徒道德品性的养成之法，主要以祭祀熏染、山长表率、德业考核和学规要求为主。本文即主要考察书院德育为先教育理念如何通过上述举措得以贯彻实行，以期对当前高校德育工作的实施提供借鉴。

一、祭祀熏染

自南宋书院制度成熟后，祭祀即成为书院的六大事业之一，也是书院对生徒进行道德品行培育的重要举措。书院定期举办祭祀活动，意在将先哲前贤的崇高品行树立为生员心目中的理想形象，使其见贤思齐，养成知礼义、明廉耻的高贵品质。书院祭祀人物多以孔子和后世儒学大师为主，地方官员、乡贤名宦及书院杰出山长、生徒也是书院祭祀对象，旨在为生徒正学统、树师模，使其在潜移默化中师法前贤典范。

南宋开始，随着书院与学术事业及地方文化的结合，院中学术大师、有名的山长、关心书院建设的乡贤与地方官，日渐进驻书院的祠堂，书院祭祀开始形成自己鲜明特色。明弘治年间岳麓书院建崇道祠，开始专祀朱熹、张栻两位理学大师，体现出朱张之学在书院的正统地位。嘉靖五年（1526），学道许宗鲁、长沙知府杨表设立"六君子堂"，奉祀宋潭州知州朱洞、李允则、安抚刘珙、山长周式、明通判陈纲、同知杨茂元，标志着岳麓专祀书院功臣的开始。书院祭祀尊奉学术大师和建院功臣，旨在为生徒们提出更贴近实际的追求榜样，以在书院讲过学和论过道的朱熹、张栻两位理学大师，具有"高尚"的情操和博深的学问，士子们只要努力，则可达到他们的境界。因此，理学大师就自然成了理想的"典型模范"而被推到住院诸生面前。将书院功臣放到礼拜之列，宣讲他们的事迹，也会使士子感到建院办学的艰难，进而认真学习，切磋求真，以不负先辈育人养士之"盛心"。

清代岳麓书院始设船山祠，供祀明崇祯时期书院学生王夫之。船山的民族气节和学术成就，是高尚和卓越的，将他树为榜样，使诸生见贤思齐，更能达到教育的目的。同是生徒的王船山更容易使书院生徒们感到亲近些，"可望而可即"，他们自然在祭祀之中就会以之为准绳来要求自己、磨砺自己。书院张挂在文昌阁中历年中乡试、会试、殿试者的姓名榜，其教育作用与船山祠同。这种以同类教育同类的祭祀，将诸生中的杰出者推作榜样，使其余人自我磨砺，以求进取。

书院祭祀除标举自己的学术追求、确立自身的学统外，另一重要目的即是对院中学生实施道德教育，以"尊前贤励后学也"。书院设祭，有一定的标准，凡"先贤之得祠者"，或乡于斯而"有德"，或仕于斯而"有功"，或隐学于斯而"道成于己"，或阐教于斯而"化及于人"。① 一般来讲，必须具备与本乡本土关系密切、德行道义足资后学模范这两个最起码的条件。乡土使人亲切，模范可以学习。祠宇中供祀的先贤，实际上就是书院为诸生树立的亲切可学的典型、榜样。这些先贤，虽然为官为民地位不同，或教或学，所业各异，立功、立德、立言，成就有别，但他们各有其可学之处。山长根据学生习性志趣的不同，各加规勉劝诫，令其见贤思齐，正可成就希天、希圣、希贤等不同层次的事业。而诸生长伴先贤，仰而瞻其容，俯而读其书，"一惟其道德言论是式是循"，观摩实践，日渐月磨，必能进德修业，卓然成为有用之才。

书院祭祀活动，一本尊学术、重教育的理念，简单而又隆重。它依照儒家礼乐制度和程序进行，有尊师、重道、崇贤、尚礼的含义。书院祭祀有一定的程式，每年春秋要举行两次大的活动，地方长官都要来参加。春祭定于二月初三日，秋祀则在八月初九日。每月朔望也要拜谒各神人贤哲，一般由山长领着进行。整个活动实际上是一个向院中诸生展示儒学礼仪的过程，实为形象而生动的教育形式。不仅如此，透过庄严神圣的祭祀礼仪，院中诸生还可感知先贤先儒的人格魅力，感生成圣成贤之志。这样，祭祀就具有了人格教育与传统教育的功能。

二、山长表率

中国古代书院在举行祭祀活动外，还注重以山长训导来影响生员的人格品德。书院多要求山长长期住院，期望通过师生朝夕相处，师长以身作则，产生示范作用，使生员变化气质，起到潜移默化之效。宋代理学大师们在倡导创建新型的书院模式时，就注意到了师生关系的构建问题。他们

---

① 唐肃：《黄冈书院无垢先生祠堂记》，《丹崖集》卷5，《续修四库全书》（1326 册），上海古籍出版社，2002 年，第 148 页。

对当时官学中师生关系冷漠疏远的弊端有着清醒的认识。"师生相视，漠然如行路之人"①，因而书院特别注意构建和谐、融洽、深厚的师生关系，注重以山长崇高品行引导生徒道德修养。

书院山长的职责要求其人选必须具有较高的学识和较好的德行。一般来讲，名气愈大的书院，对山长的要求愈高，尤其是一些以教育与学术著称天下的书院，山长概由当时全国一流学者担任。州县书院的山长也是选择"经明行修，堪为多士模范者"出任，明清时，好些地方还提出了进士、举人等出身资格的限制。乡里书院山长或为学行道义之士，或为举人、秀才，亦有较高要求。如清代平阳龙湖书院选聘山长时即要求，"山长为人师表，必须经明行修、学优养粹者，始足以启后学而正人心。每届岁终，院董会商诸绅，妥择名师，禀请县主复加访察，备关延聘。如教训有方，无庸拘一年一换之说，切勿瞻徇，是为至要"②。书院一般还要求山长需长期住院与生徒朝夕相处，以期朝夕熏陶。

书院山长多能以身作则，以自身的实际行动作为学生做人、为学的榜样，他们对学生关怀备至，并罄其所知以授后学，尽其所能传道、授业、解惑。正是书院山长这种"至诚谆悉，内外殚尽"的精神使他们得到了学生的普遍尊敬。朱熹任职于长沙时，往往白天忙于公务，晚上即到书院讲学，他"随问而答，略无倦色，多训以切己务实，毋厌卑近而慕高远。恳恻至到，闻者感动"③，充分体现了他热爱学生、热爱教育的心情。陆九渊在象山精舍讲学时，深受生徒们的欢迎，原因在于他关心学生，和学生心心相连，学生们认为他"深知学者心术之微，言中其情，或至汗下"④。

书院山长对学生的关心，不仅体现在他们热心传授知识给学生，而且体现在他们更注重培养学生的道德品格方面。他们确立的书院德育目标，体现了对学生品德的关心。张栻主教岳麓书院时即旗帜鲜明地反对学院讲学以应付科举考试为目的，提出书院教育应培养一种能"传道济民"的人才。他在《邵州复旧学记》一文中论及："君臣、父子、兄弟、夫妇、朋友

① 朱熹：《学校贡举私议》，孟宪承选编：《中国古代教育文选》，人民教育出版社，1979 年，第 278 页。
② 余丽元续编：《龙湖书院志》，《中国历代书院志》（第 10 册），江苏教育出版社，1995 年，第 39 页。
③ 王懋竑：《宋朱子年谱》卷 4（上），台湾商务印书馆，1982 年，第 192 页。
④ 陆九渊：《陆九渊集》卷 33《谥议》，中华书局，1980 年，第 389 页。

之伦，皆以不乱；而修身、齐家、治国、平天下，无不宜者，此先王之所以教，而三代之所以治，后世不可以跂及者也。后世之学校，朝夕所讲，不过缀缉文辞，以为规取利禄之计，亦与古之道大戾矣。"[1] 张栻所指的"传道济民"人才，就是要培养出谨守封建纲常道德并能为封建社会"治国平天下"的佐治人才，特别强调以伦理道德作为衡量人才的根本标准。绍熙五年（1194），朱熹任湖南安抚使至潭州着手整顿岳麓书院，要求"讲明义理"，修养心性，恢复古昔圣贤教人为学之意。颁《白鹿洞书院教条》于书院，提出"修身""处事""接物"之要，作为生徒实际生活和思想教育的准绳，着重人格教育，提倡言行一致、克己为人、道德自律等道德修养的原则和方法，反映了理学的传统学风。

书院选取生徒及山长育人方式、方法上的灵活性与开放性，使得书院在建立良好的师生关系上具有明显的优越性。首先，书院生徒在择师入院时具有选择自主性。生徒决定到哪一所书院求学，往往是因为仰慕该院山长的道德学问已久，因而入院后对山长十分尊崇。其次，书院生徒数量不致过多，师生间朝夕相处，耳濡目染，从而感情日笃。山长时常带领生徒游憩于山水之间、林泉之下，寄情赋诗作文，饮酒助兴，这种自在游学的教学方法有助于拉近师生间的感情。南宋时朱熹以终生讲学书院为志，教授弟子达数百之众，其弟子对他充满感激之情，在学术上将其推崇为孔孟道统的继承人。朱熹的弟子黄榦论及"由孔子而后，曾子、子思继其微，至孟子而始著；由孟子而后，周、程、张子继其绝，至熹而始著"[2]。陆九渊创建象山精舍讲学，四方学子接踵而来，与其建立了深厚的师生情谊。陆九渊逝世后灵柩运回家乡，弟子门人前来吊唁者近千人。

三、德业考核

自宋代开始书院考试的一个重要内容便是推出一套有关德行品性的标准，来检查考核生徒。徐元杰在《延平郡学及书院诸学榜》中要求郡学教

---

① 张栻撰，邓洪波校点：《张栻集》（下）卷9《邵州复旧学记》，岳麓书社，2017年，第562页。

② 朱熹：《朱子全书》第27册，上海古籍出版社，2002年，第570页。

官和书院堂长，"凡所讲习，当先就本心本身上理会，使之鞭辟入里。有不善，自觉而改可也；有所觉，自知而充可也；有所知，自爱而守可也"①。拳拳于诸生的是如何使他们变成自善、自觉、自知、自爱、有道德、有情操的"仁者""君子"和"孝悌务本者"。这方面更典型的是朱熹制定的《白鹿洞书院揭示》和由他写跋推荐的《程（端蒙）董（铢）二先生学则》。二者都从正面向书院生徒揭示追求圣贤品性修养的目标，让生徒自己"相与讲明遵守，而责之于身"②。这是以人伦纲常之道的目标让书院生徒自我考核、自我检查。也有提出硬性规定的，如吕祖谦在丽泽书院讲学时，除提出以"孝、悌、忠、信"为讲学宗旨外，还规定了退学条例，生徒如有下列行为之一者，就要勒令退学：亲在别居、亲没不葬、因丧婚娶、宗族讼财、侵扰公私、喧噪场屋、游荡不检。这是一种严厉的考试，凡不合格者就要被开除，从反面着力，与朱熹的《白鹿洞书院揭示》有异曲同工之效。

书院德行考核是对学生一贯的道德品性、日常的行为举止进行检查，看它是否符合既定的标准。为了做到有据可考，有的书院还实行簿书登记制度，设立德业簿、劝善规过簿等。如光绪二十四年（1898）河南开封明道书院订立劝善规过条约共五十七条，并"置一劝善规过簿，详列其目，简而不略，要而易遵，监院掌之，各斋之长纠察众友之善过而登记之，以每月朔望会讲之期呈之院长，面加劝警焉"③。考核标准因时因地因人各有差别。一般来讲，学术大师主持院务时，所定标准侧重对先贤先圣的理性追求，指标远大，而对日常起居的行为准则谈得较少，以疏大可塑、不带硬性规定、提倡自觉自励为其特点，朱熹的《白鹿洞书院揭示》、湛若水的《大科书院训规》基本属于这种类型。而普通书院则从实用出发，多是儒家伦常的具体化规定，以要怎样做和不能怎样做来表明其强制性。如平阳龙湖书院要求诸生："士贵立志，慎勿苟且自待。希圣希贤，皆吾儒分内事，每读一书，必返求诸己，自问能做到否？时时鞭辟入里，身体力行，以求入于圣贤之道，非徒习举业，弋取科名也。诸生其各勉旃。书院为礼法之

① 徐元杰：《梅野集·卷十一·延平郡学及书院诸学榜》，《文渊阁四库全书》（第1181册），上海古籍出版社，1987年，第775－776页。

② 朱熹：《朱文公文集·卷七十·白鹿洞书院揭示》，上海书店出版社，1935年。

③ 求实书院编，邓洪波、彭世文校补：《求实书院学规续钞》，湖南大学出版社，2017年，第117页。

地，不得私聚赌博，吸食洋烟及酗酒争斗等事。如有初犯，记过，再犯斥出。"① 考核标准的不同，决定了考核形式的不同，前者比较模糊，难以具体操作，其考核结果往往只能作为奖励或惩罚的参考系数；后者清晰，有很强的可操作性，诸生违反了哪一条，比如不尊敬师长、不孝敬父母等，就有被"除名""驱出"等明了的处理结果。因此，德行的考核，条条定得越大越疏越没有约束力，定得越具体越清楚越能发挥奖惩激励的作用。疏大的规定则可供诸生自觉地优游修养，成就修身养性之事，而细密的框框则有可能扼杀学生的天性，达不到养成良好德行的目标。正因为这样，一种疏密适度的德行考核制度的建立与完善就成了历代书院教育工作者所追求的目标，而这种追求也能为我们今天学校的德育提供一种良好的借鉴。

书院在德行方面的考核，对不合格者，尤其是对一些危及全体，或破坏学风、践踏院规、败坏伦常的行为，书院有戒饬、开除、鸣鼓驱逐、除名并报官立案、不许入院肄业应试等极为严厉的惩罚。它从一个侧面反映了书院对道德伦常的重视，体现了中国考试制度重于德行的传统，这又是今日值得借鉴的经验。

四、学规约束

书院还通过制定学规，以方圆规矩为生徒遵守的法则，使其养成良好的为人处世规范。书院所定学规多涵盖生徒修身、齐家、交友、入仕、治学等各个方面，从诸多领域对生徒的言行举止及生活各个方面加以要求，使其符合儒家伦理道德规范要求，成为国家意识形态的维护者，能够承担起移风易俗、教化乡里的重任。

书院学规，最早的是吕祖谦的《丽泽书院学规》。学规的内容，因时因地因院而各不相同，包罗甚广，其中规定进德立品、修身养性的程序和方法，重在日用伦常规范的建立，为学者提供更多至善达德的帮助。以下具体以《白鹿洞书院揭示》和《丽泽书院学规》为例，了解书院从规章制度

---

① 余丽元续编：《龙湖书院志》，《中国历代书院志》（第10册），江苏教育出版社，1995年，第41页。

层面对生徒品德的规范。

（一）《白鹿洞书院揭示》：理学家高扬的书院精神

《白鹿洞书院揭示》（以下简称《揭示》）由朱熹制定。淳熙七年（1180），白鹿洞书院完成重建，朱熹作为南康军长官，率僚属及院中师生行开学礼取圣贤教人为学之大端，揭示于门楣之间，作为院中生徒共同遵守的学规。全文如下：

父子有亲，君臣有义，夫妇有别，长幼有序，朋友有信。

右五教之目。尧舜使契为司徒，敬敷五教，即此是也。学者学此而已。而其所以学之之序，亦有五焉，其列如左：

博学之，审问之，谨思之，明辨之，笃行之。

右为学之序。学、问、思、辨四者，所以穷理也。若夫笃行之事，则自修身以至于处事接物，亦各有要，其列如左：

言忠信，行笃敬。惩忿窒欲，迁善改过。

右修身之要。

正其义不谋其利，明其道不计其功。

右处事之要。

己所不欲，勿施于人。行有不得，反求诸己。

右接物之要。

熹窃观古昔圣贤所以教人为学之意，莫非使之讲明义理以修其身，然后推己及人。非徒欲其务记览为词章，以钓声名、取利禄而已也。今人之为学者，则既反是矣。然圣贤所以教人之法具存于经，有志之士，固当熟读深思而问辨之，苟知其理之当然，而责其身以必然，则夫规矩禁防之具，岂待他人设之而后有所持循哉！近世于学有规，其待学者为已浅矣；而其为法，又未必古人之意也。故今不复以施于此堂，而特取凡圣贤所以教人为学之大端，条列如右，而揭之楣间。诸君其相与讲明遵守而责之于身焉。则夫思虑云为之际，其所以戒谨而恐惧者，必有严于彼者矣。其有不然，而或出于此言之所弃，则彼所谓规者必将取之，固不得而略也。诸君其亦念之哉！①

---

① 朱熹：《白鹿洞书院揭示》，见邓洪波：《中国书院学规》，湖南大学出版社，2000年，第114–115页。

《揭示》首先将儒家"五伦"立为书院教育的"五教之目"，并强调"学者学此而已"。将传统的人伦之教作为书院教学目标，主要针对官学以科举为唯一旨归的教育弊病，具有很强的现实性。朱熹主张书院教育不仅限于士人道德修养，还有传道而济斯民的更高诉求，它是一个由道德、伦理、济世三者组成的共同体，相对于科举学校之学来说，体现出一种浸透了理学教育理念的书院精神。

指出为学的方向之后，朱熹又提出了学、问、思、辨、行的"学之之序"。属于学习方法，行即是践履。《揭示》在学、问、思、辨之后，从修身、处事、接物三个方面分解"笃行之事"，显示出强烈的道德实践的倾向。

《揭示》针对当时务记览取利禄的学风，回归传统，将"学"定义于五教五伦，并提出为学的目标和程序。经过如此重新定义，"学"就落实到了现实的人伦世界，而维持人伦世界的秩序就变成了"学"的最终目标。为达此目标，必须穷理而笃行。穷理和笃行构成"为学"的两大部分。两大部分中，《揭示》只点到学、问、思、辨，而详述"笃行"，表明书院对蕴含经世之志的道德践履的高度重视，这是典型的理学家教育理念，所反映的正是他们所高扬的理学精神。

朱熹在《揭示》中认为书院教育的目的不是获取个人名利，而是进行义理教育、道德修身，以培养出合乎儒家道德标准的理想人格。《揭示》后来成为书院精神的象征。淳祐元年（1241），宋理宗皇帝视察太学，手书《白鹿洞书院学规》赐示诸生。其后，或摹写，或刻石，或模仿，遍及全国书院及地方官学。于是，一院之"揭示"，遂成天下共遵之学规。

（二）丽泽书院学规：书院倡导的行为规范

吕祖谦文集中《丽泽书院学规》所收五种丽泽书院"规约"，记录了他六年时间内对书院制度化建设所作的贡献。最早的是《乾道四年九月规约》，提出"以孝弟忠信为本"。其次是《乾道五年规约》，"以讲求经旨，明理躬行为本"。乾道五年十月，他离开丽泽书院，赴任严州州学教授。次年，升太学博士，曾回家乡，与诸生会讲丽泽，并订立第四个规约，即《乾道六年规约》，共七条，属补充性质，内容皆关于家庭道德、士人行为举止，第五个是《乾道九年直日须知》，集中讨论吊慰、丧礼、祭钱、赙仪等问题，都是丧葬礼仪，这与第三个规约的部分议题重复，但内容更周详具体。谨移录前两个规约如下。

乾道四年九月规约

凡预此集者，以孝弟忠信为本。其不顺于父母，不友于兄弟，不睦于宗族，不诚于朋友，言行相反，文过饰非者，不在此位。既预集而或犯，同志者，规之；规之不可，责之；责之不可，告于众而共勉之；终不悛者，除其籍。

凡预此集者，闻善相告，闻过相警，患难相恤，游居必以齿相呼，不以丈，不以爵，不以尔汝。

会讲之容，端而肃；群居之容，和而庄。（箕踞、跛倚、喧哗、拥并，谓之不肃；狎侮、戏谑，谓之不庄。）

旧所从师，岁时往来，道路相遇，无废旧礼。

毋得品藻长上优劣，訾毁外人文字。郡邑正事，乡闾人物，称善不称恶。

毋得干谒、投献、请托。

毋得互相品题，高自标置，妄分清浊。

语毋亵、毋谀、毋妄、毋杂。（妄语，非特以虚为实，如期约不信，出言不情，增加张大之类，皆是；杂语，凡无益之谈皆是。）

毋狎非类。（亲戚故旧或非士类，情礼自不可废，但不当狎昵。）

毋亲鄙事。（如赌博、斗殴、蹴鞠、笼养朴淳、酣饮酒肆、赴试代笔及自投两副卷、阅非僻文字之类，其余自可类推。）

乾道五年规约

凡与此学者，以讲求经旨，明理躬行为本。

肄业当有常，日纪所习于簿，多寡随意。如遇有干辍业，亦书于簿。一岁无过百日，过百日者同志共摈之。

凡有所疑，专置册记录。同志异时相会，各出所习及所疑，互相商榷，仍手书名于册后。

怠惰苟且，虽漫应课程而全疏略无叙者，同志共摈之。

不修士检，乡论不齿者，同志共摈之。

同志迁居，移书相报[①]。

---

① 吕祖谦：《丽泽书院学规》，见邓洪波：《中国书院学规》，湖南大学出版社，2000年，第31－32页。

《丽泽书院学规》虽然注重"孝悌忠信""讲求经旨"，落脚点在"明理躬行"，强调的不是学术、学理本身，而是学术思想指导下建立的日用伦常准则，是教生徒如何身体力行去做，去实践。院中同志"闻善相告，闻过相警，患难相恤"，彼此规劝，意在能实践所学。为了做到这一点，甚至不惜摈之与开除不合格者，其所反映的是一种典型的道德实践的理学教育理念。

《丽泽书院学规》的特点是"范其体"，和《白鹿洞书院揭示》五教之目的"事其心"，相辅相成，可以互为补充。因此，稍后便有人将二者合而并行，称作"朱吕学规"。

书院作为唐宋以来独具特色的文化教育组织，其德育为先的教育理念是有别于传统官、私两学的显著特征。千年发展历程中，该理念已内化渗透入书院日常教学、祭祀、学规制定、生徒考核等活动中，进而形成系统性德育实践体系。当前高校德育工作中普遍存在目标政治性突出、方式单一机械、缺少对大学生个体性道德关注等弊病。古代书院人性化、多样性德行培育方法与途径，对当前高校确立立德树人教育理念，在目标制定、学生道德主体意识培养、外在制度建设以及学生个体道德实践等领域有较强的借鉴性。

"旅游文化学"课程思政价值与
实施路径研究

王　欣　殷英梅

【摘要】　课程思政把思政教育元素融入专业课程，在知识教授中启迪学生思想，实现立德树人目标。"旅游文化学"具有集文、史、哲、心理、美学等学科于一体的课程特点，知识体系中蕴含着丰富的思政教育元素，思政教育价值突出。借助线上教学延展传统课堂，构建充满思政味的线上线下混合式教学模式，实现线上、线下教学的有效对接和融合，以春风化雨、润物无声的方式实现立德树人的根本任务，成为实现旅游文化学课程思政目标的重要实施途径。

【关键词】　课程思政；旅游文化学；思政价值；线上线下混合式教学模式

课程思政是在习近平新时代中国特色社会主义思想的指导下，在专业课程的知识传授过程中，突出其中所蕴含的德育元素，将专业知识的讲授与思政素质的引领水乳交融在一起，将思政元素渗透于专业课程教学的全过程，聚焦立德树人，有效实现学生的全面发展。近年来，随着全国高校思想政治工作会议的召开，实施课程思政已经从部分高校在"点"上的探索发展为我国高等教育界在"面"上的共识。课程思政是对高校落实立德树人根本任务，铸就教育之魂的理念创新和实践创新。[①]

"旅游文化学"既是旅游管理专业一门文化类的专业基础课，又是一门全面的思政教育课，具有深厚的文化基底，在课堂思政中具有广阔的植入空间和多元化的结合视角，在思政育人方面具有突出的优势。如何进一步

---

① 叶任泽：《高校辅导员开展课程思政建设的实践研究》，《改革与开放》2019年第8期。

挖掘该门课程所蕴含的丰富的思政教育元素，并在课堂教学中加以实施，是一个值得深入探讨的现实问题。

一、"旅游文化学"课程概况

"旅游文化学"是我国高等院校旅游管理专业以及与旅游相关的各本科专业学生必修的一门专业基础课①，本门课程以培养学生的专业运用能力和综合素质为主线，重在积淀学生的文化底蕴，涵养学生的文化情怀，提升学生的人文素养。

从广义上来说，旅游文化作为一门学科，是一门从文化方面研究人类旅游活动发展规律的学问；从狭义角度说，旅游文化学则是一门研究在商品经济环境下如何合理开发利用过去时代所创造的旅游文化遗产，如何立足于本国文化，同时又放眼世界，创造具有时代精神和地域特色的新旅游文化的学问。②

因此，旅游文化学的研究对象是旅游主体在与旅游客体发生关系过程中所创造的文化。它需要研究以旅游的"三体"（即旅游主体、旅游客体和旅游介体）为载体的种种文化现象和文化规律，从旅游业的三大构面来探讨旅游系统与文化系统的关系，从文化视角来审视旅游业的主体、客体和介体。具体来说，"旅游文化学"的知识体系包括三部分：一是旅游主体文化，即主要探究旅游主体（即旅游者）的文化水平、行为方式、思想信仰、兴趣爱好等；二是旅游客体文化，即主要研究人文景观文化和自然景观文化；三是旅游介体文化，即主要探索旅游企业、导游、旅游管理、旅游商品、政策法规等范畴。可谓内容庞杂，涉及领域广泛。一个国家、一个民族、一个区域的旅游文化特征，总会在旅游主体、旅游客体和旅游介体三个层面得到鲜明的反映。一个国家、区域或民族的旅游主体与其他国家、区域或民族的旅游主体在交往过程中，各自固有的文化习性都会从主、客、介三方面体现出来。这些形形色色的差异就是旅游文化，也就是旅游者乐于了解的、旅游文化要着力研究的内容。

---

① 秦美玉、李钊：《本科院校旅游文化学课程教学探析》，《科教导刊》2014 年第 16 期。
② 晏鲤波、庄兴成：《旅游文化研究述评》，《桂林旅游高等专科学校学报》2007 年第 1 期。

二、"旅游文化学"课程融入思政教育的重要性

文化是国家和民族的灵魂。青年学生正处在拔节孕穗期，需要扣好人生第一粒扣子，文化课程有助于弘扬中华优秀传统文化、历史文化和社会主义先进文化，增强学生的理想信念，有助于坚持道路自信、理论自信、制度自信和文化自信。"中国旅游文化"既是一门文化类的旅游专业课，又是一门全面的思政教育课，思政教育价值突出，可以有效地扩展学生的思维和视野，对树立文化自信、培养爱国情怀，涵养道德情操具有显著效果。

（一）讲好中国文化故事是高校立德树人思政教育的必然命题

独特的文化故事是旅游文化魅力的重要体现，旅游文化故事或诠释历史的恢宏发展，或启迪民众的爱国热情，或展现独特的民族风情，是传承和弘扬社会主义核心价值观的重要依托。将旅游文化故事融入思政教育，将更多更好的文化故事挖掘出来，变成中国文化智慧的有机元素，讲出故事中的"仁义德"，讲好故事中的"真善美"，可以丰富思政教育的文化内涵，给学生心灵埋下真善美的种子。

（二）筑牢旅游之魂是增强和彰显文化自信的现实切入点

文化是旅游的灵魂。泱泱中华文明中蕴含着丰富的物质文化、社会文化和精神文化，是新时代青年树立文化自信的重要来源，具备相当的文化密度、文化深度和文化高度，将这些资源挖掘出来，追寻旅游之根，深入诠释文化自信，在教学中渲染旅游之美，筑牢旅游之魂，全面提升中国文化软实力，这既是实现旅游文化创新性发展的需求，也是高校在思想政治领域落实立德树人使命的关键课程。

（三）旅游文化交流在现代旅游活动和国际交往中处于核心地位

文化是外交的使者，旅游活动是文化传输的重要渠道。旅游是传播文明、交流文化、增进友谊的桥梁，是增强人民亲近感的最好方式。① 旅游文化的交流、传播和影响带来文化交融、文化震惊以及文化涵化，对此类文化现象的分析和解读对于学生正确认知东西方文化和文明，增强道路自信和爱国情感具有重要作用。随着"一带一路"倡议的推进和出入境旅游活

---

① 严伟：《习近平旅游思想的理论意涵与实践路径》，《商业经济研究》2018 年第 17 期。

动的频繁深入开展，必须筑牢旅游从业者的思想防线，敦促其作为文化交流使者讲好旅游文化故事，贡献中国文化智慧和中国经验，推动中国文化走向世界，在国际舞台上唱响中国文化，彰显大国文化自信，推动构建人类命运共同体。

三、"旅游文化学"课程所蕴含的思政教育元素

如前所述，旅游文化学以旅游发展而引起的文化现象与文化规律为主要教学内容，涉及旅游文化学的基础理论，旅游文化中的主体文化、客体文化、介体文化，以及旅游文化的交流与传播等内容。这些内容都分别具有深厚的文化基底和多元化的植入角度，蕴含着丰富的思政教育元素。

（一）基础理论中的思政元素

1. 旅游文化的概念

通过对相近概念的辨析，培养学生的思辨能力和理论推导能力，逐步养成爱思考、善发问的学术思维能力。

2. 旅游文化学发展历程

介绍中外旅游文化发展历程，带领学生认识我国悠久灿烂的旅游文化历史，帮助他们树立起坚定的文化自信；了解西方旅游文化发展历程，讲授中西方旅游文化的客观差异，培养学生包容、全面和实事求是的文化世界观和文化价值观。

3. 旅游文化学的学科基础

教师从文化学、社会学以及生存哲学的视角，引导学生认知文化的多样性和包容性，锻炼学生开阔的思维习惯和主动探究的学习意识。

（二）旅游主体文化与大学生人格塑造

1. 旅游主体的价值观

从旅游在"成就人"方面的重要意义对学生进行生命价值教育，讲授生存哲学，帮助学生树立正确的生命价值理念和对待生命的积极态度。

从中国旅游哲学层面为学生展示中华思想文化的博大精深，树立起学生对传统文化和先哲的敬畏之心，从而为文化自信和道路自信打下基础。

用山水比德等经典的旅游文化思想帮助学生树立起在旅游中提升个人道德修为和内在素养的旅游价值观念，助力学生成为内外兼修的合格人才。

2. 旅游主体的消费文化

从当前旅游消费时尚与旅游消费中的不文明行为正反两个方面，培养学生的道德意识和公民行为。立足于旅游产业中的过度消费、炫耀性消费等非理性现象，引导学生树立天人关系、人际关系以及与自我之间关系的正确理念。

3. 旅游主体审美文化

通过对旅游中审美层次、审美视角等内容的讲授，提升学生发现美、欣赏美、感受美进而创造美的能力。

4. 旅游主体休闲文化

将休闲作为人成就自我的途径，培养学生形成正确的生命价值理念，了解旅游在人生长河中的独特意义，进而促使学生养成正确的生命价值理念和积极向上的生活态度。

（三）旅游客体文化与大学生文化自信养成

1. 旅游客体中的物质性文化

通过对中国自然山水文化中独特的文化理念，如对山水比德说的阐述，引导学生形成高远的人格，并启发他们培养内在道德修为，并树立正确的山水价值理念。

教师通过对中国传统文化中的类型多样、丰富多彩的建筑和园林文化的讨论和讲授，引导学生形成包容开放的认知模式，学习古人的审美意识和自然态度。

2. 旅游客体中的社会性文化

通过对多种多样民俗文化的学习，同学们能够认识到文化的丰富和多元，树立起对中国广博文化的自豪感和敬畏感，从而产生文化自信，乃至文化自豪。教师通过对旅游中的茶文化和酒文化的介绍，展示中国文化的古远和精深，激发学生学习兴趣的同时让学生树立对历史和先人的敬畏感，激发文化自信和对中华民族的热爱之情。

教师通过对红色文化旅游资源的介绍，向学生展示革命先烈的英勇事迹和无畏精神，对学生进行爱国主义和拥护党的领导的教育。

3. 旅游客体中的精神性文化

教师通过对旅游宗教文化的讲述，让学生在掌握博大精深的宗教思想、宗教遗迹等多种类型的文化遗产基础上，树立起正确的精神方向，引导学生以马克思主义思想武装头脑，用崇高的信仰指引自己的人生。

教师通过对中国璀璨的绘画雕塑书法等文化遗存遗迹的讲授，让学生有一定认知、欣赏和审美能力。

（四）旅游介体文化与大学生职业素养培育

1. 旅游服务文化理念

通过对旅游服务文化理念的学习，学生能够树立起正确的职业观念，从而认识到旅游服务中文化要素的重要性，并知晓如何将文化要素与相关职业服务相结合。教师通过对具体旅游服务中文化要素的展示，引导学生对自己的礼仪礼貌的养成，并能接受多元化的服务文化。

2. 旅游服务中的品牌文化

教师通过对知名旅游企业品牌的介绍，让学生认知品牌建设在旅游行业发展中的重要价值，引发其对当前我国旅游企业文化建设问题的思考，培养他们发现问题和解决问题的创新意识和开阔的思维方式。

（五）旅游文化交流与大学生博爱胸怀养成

1. 旅游文化交流

教师通过讲解因旅游交往而带来的文化震惊与文化涵化等问题，引导学生正确看待东西方的文化差异，树立正确的文化价值观和民族文化自信心。

2. 旅游文化冲突

教师通过对文化交流中带来的东西方文明冲突现象的解释，引申至当前国际形势和我国国际地位与责任的讨论，巩固学生的爱国意识，树立道路自信和制度自信。

3. 旅游文化传播

结合国家政策，与学生一起探讨中国文化的旅游输出可能带来的影响，使学生树立起客观、公允的认知和分析问题的态度，引导他们树立起大国文化自信，并培养他们民间文化大使的身份意识和责任意识。

四、"旅游文化学"课程思政的实施路径

课程思政的根本是要看到课程"背后"的人，要培养有价值辨识、有知识素养、有丰盈情感的人。新时代的大学生是网络时代的原住民，信息网络环境改变着大学生的学习和生活方式，而目前我国本科院校的教学中

占统治地位的教学模式在很大程度上仍是以教师为中心，授课模式基本是教师在课堂上全程讲授，学生被动听课，知识的传授是通过从上而下的传输，学生的认知主体地位被严重弱化，主动性、积极性被严重打击，立德树人的教育目标难以实现。

在这样的学情和时代背景下，如何合理运用现代信息技术手段，借助网络延展传统课堂，构建一套行之有效的线上线下混合式教学模式，是大学教育必须考虑的现实问题。因此，将旅游文化讲授与思政教育目标有机渗透结合，实现线上、线下教学的有效对接和融合，大幅度提升教学质量，以春风化雨、润物细无声的方式实现立德树人的根本任务，成为实现旅游文化学课程思政目标的重要实施途径。

（一）从课程思政的角度，重新厘定教学内容，修订教学大纲

根据课程思政课的建设要求，按照价值塑造、能力培养、知识传授三位一体的目标要求，梳理思想政治教育元素，科学设计课程，重新修订"旅游文化学"的教学大纲。

根据课程思政目标，深度挖掘课程所蕴含的思想政治教育元素，根据线上线下课程建设的标准，重构教学内容，有效开发课程。

1. 设定课程目标

确立课程育人目标，包含认知类、方法类目标和情感、态度、价值观目标的设定；以旅游专业基础课"旅游文化学"为依托，结合当前大学的思政教育任务，挖掘中国传统旅游文化中的思政教育元素。以泱泱中华博大精深的旅游文化为根基，以引导大学生"读万卷书，行万里路"的学习和认知习惯为任务，以树立当代青年的"文化自信、民族自豪和自我认同"为目标，既采用传统的教材编写手段，也融入网络新媒体方法增强教材的趣味性和实效性，试图为当代大学思政教育与中国传统文化找到恰当的结合点。

2. 创建学习任务

挖掘内容育人要素，开发教学模块，据此创建和设计学习任务。

3. 选择教学策略

根据教学模块的不同，采取集体讲授、自主学习、分组学习和讨论、实地考察、项目设计、案例分析、情景模拟、学生演讲展示等方法，精心设计每一堂课。

4. 设计作业和学习评估

创建以目标为导向的作业，根据教学目标及教学方法选取评量方式，包括形成性评价和终结性评价。①

（二）建设丰富的线上资源，体现课程思政和线上学习的低阶性要求

1. 建设丰富的线上MOOC资源

根据社会影响性、功能多样性和界面友好性等因素，选择确定线上教学平台，使用课程平台内嵌的工具，开发、设计、利用、优化一批符合课程思政需要的"旅游文化学"线上教学资源，包括教学案例库、教学视频库、教学PPT、教学微视频及相关阅读文献、图片等，补充优化高校网络教学资源库。

2. 把低阶性的内容通过微视频上线的形式进行前移

①设定学习目标，体现结果导向；②分解知识点，录制和编辑课程教学微视频；③设计课件；④开发配套的练习题目；⑤上线案例库、视频库及相关文献和图片等；⑥设定有效的多元化线上测评方式。多措并举，推动学生在进入线下课堂前就已储备好充分的知识基础，需要按照课程思政的要求重新备课，并制作融入思政元素的课件，需要对课程知识点进行分解，需要录制和编辑微视频，需要给知识点设定学习目标并开发一些配套的练习题目等。

（三）精心设计线下课堂教学活动，体现课程思政和线下学习的高阶性要求

1. 设计丰富的线下教学活动

瞄准分析、评价、创造等高阶能力，利用翻转课堂、对分教学法、小组讨论等方法，围绕"旅游文化学"课程知识点，融入家国情怀和价值观引领，提升线下课堂教学效果。

线下的教学活动要能够检验、巩固并转化线上知识的学习，以泱泱中华博大精深的旅游文化为根基，引导大学生"读万卷书，行万里路"的学习和认知习惯为任务，以树立当代青年的"文化自信、民族自豪和自我认同"为目标，促进学生巩固与灵活应用课程知识，实现一些具有一定难度和综合性的高阶教学目标。

———————————

① 徐得红：《美国OBE理念下的高职课程大纲设计》，《经贸实践》2017年第8期。

2. 探索有效的线下教学方法

可以使用 BOPPPS 有效教学法，实现高阶化的课堂教学效果。所谓 BOPPPS 教学法：①导言（Bridge-in）、目标（Outcome）、前测（Pre-test）三者作为"凤头"，课堂开场要引发兴趣和学习动机；②参与式学习（Participation）作为"猪肚"，学习重点要以学生为中心开展教学，充实饱满；③后测（Post-test）、总结（Summary）作为"豹尾"，达到检验学习目标，并做出短而有力的课堂总结。

3. 辅助使用智慧教学工具

完善线上 MOOC 课程学习和线下课堂教学的智慧支持系统。根据网络时代的学生特点，设计多样有效的线上学习考评体系，同时探索使用微助教、ZOOM 等网络教学平台，使用线下课堂的互动教学工具，操作要便捷，可以实现课堂讨论、互动功能，学习数据的存储等功能在线下教学中开展互动交流建设，不断优化"旅游文化学"课程思政教学的网络课程学习和交流互动平台。

以文育人、以文化人是新时代高校思想政治教育的基本要求。随着新生代大学生群体思维的活跃和信息社会中的资源过载，大学思政教育单纯依靠简单的思想灌输和理论教育已经无法达到预期效果，线上线下混合式教学，把课程上出"思政味"，创新和拓展大学课程教育的方式，是时代赋予的任务。旅游文化学中蕴藏着丰富的思想政治教育资源，如何润物细无声地将其融入高校思想政治教育过程，是实现文化转化和创新发展的重要手段，也是提高思想政治教育实效性的重要探索。

挖掘旅游文化学所包含的优秀课程思政元素，聚焦立德树人，涵养家国情怀，以中国传统文化为"媒"，以旅游流动为"介"，强化思想政治教育和价值引领，通过线上线下有效融合的教学模式的创新，倾情打造有吸引力的思政课堂，构建有温度的育人情境，让专业学习具有更为明确的政治方向和更为高尚的思想启迪作用，可以帮助学生树立起正确的世界观、人生观、价值观和职业观，有利于培育和激发学生的爱国精神、奉献精神、传承精神、创新精神和人文精神，最终实现"知识传授"与"价值引领"同行并重，在知识传授中影响人、感染人、打动人、成就人，培养出德才兼备的高素质旅游专业人才，推动我国旅游高等教育的新发展。

旅游专业课程思政教学改革路径探析

宋志文　张　屏

【摘要】　在旅游专业课程中引入优秀文化旅游资源和展示红色旅游案例，是进行专业课程思政育人的有效路径。授课教师自己本身要提升立德树人意识，提升道德素养，积极挖掘该课程专业知识中的思想政治元素，找好思政教育与专业课程的契合点，全方位进行思政教育，提升大学生的道德素养。

【关键词】　旅游管理；文化旅游资源；红色旅游；课程思政

在大学的教学课程体系中，开展思政教育，既是时代发展的要求，也是旅游产业发展要求，同时也是大学生发展和成长的需求。2016 年年底，习近平主席在全国高校思想政治工作会议上强调，思想政治理论课要坚持在改革中加强，提升思想政治教育亲和力和针对性，满足大学生成长发展需求和期待。①思想政治教育要利用好课堂教学这个主渠道，其他各门课程都要守好一段渠，种好责任田，使各类课程与思想政治理论课程同向同行，形成协同效应。2019 年 3 月，习近平主席再次强调课程思政的重要性，要坚持显性教育和隐性教育相统一，实现全程全方位育人。2020 年，教育部印发《高等学校课程思政建设指导纲要》，明确了课程思政建设的重要意义与目标要求、重点内容与教育内容，并于当年 6 月召开全国课程思政建设工作视频会议，全面布置课程思政建设工作。

如何在全国各高校进行课程思政的探索与改革，从思政教育的角度出

---

① 刘一杉：《改革开放 40 年来大学生思想政治教育发展论析》，《佳木斯大学社会科学学报》2019 年第 3 期。

发进行课程设置，在课堂上根据课程特色与专业特点对专业人才进行系统培养，是大学生思想教育和德育工作中急需解决的重点课题和难点问题。

一、旅游专业课程设置与教学背景

中国旅游业在过去20年间得到了长足的发展，旅游业已经成为我国国民经济的支柱型产业，旅游业也从传统的走马观花式的旅游转变为重体验的，集会议、商旅、休闲、研学等目的于一身的综合性产业。目前，中国旅游业综合实力已被列为世界第五位。专家预测，21世纪中国将成为世界主要的旅游中心。旅游产业的快速发展也对我国旅游教育有了更高的要求。

教育服务不仅要求更新教材体系，更加要求专业课堂教学上增加新内涵。以往专业课程的培养目标是以学生对课程知识和技能的掌握程度为尺度，现在要求增加和强化专业课程教书育人功能，课程思想政治教育改革的重点，就是在原有知识、能力和目标基础上，增加思想政治教育目标，实现专业知识传授、动手能力培养和正确观念引领等具体内容，做到理论和实践相结合。

（一）高校旅游管理课程设置

以笔者所在的旅游管理系为例，主要专业课程设置有"旅游学""旅游业务""旅游法规""饭店管理""旅行社管理""旅游经济学""旅游心理学""旅游资源学""旅游法教程""旅游市场营销""旅游规划与开发""会展概论""旅游英语""旅游客源国概况""前厅管理""客房管理"等，均为旅游管理专业必修课。除此之外，在大学三年级安排了为期6个月的酒店实习和旅行社的实践教学环节。大学四年级还增设了毕业论文写作课程。在高年级还开设了一系列的选修课，如"导游英语""酒店礼仪""旅游礼仪""世界文化遗产"等。通过相关专业课程学习，导入课程思政教育、导入课程思政育人教学工作，帮助旅游管理专业学生坚定信心，为未来发展打下坚实基础。

（二）教材使用

以笔者所在的旅游管理系使用教材为例，主要课程或大部分教师采用的课程教学用书为由高等教育出版社出版的面向21世纪课程教材、普通高等教育"十一五"国家级规划教材。主干课程教材有《旅游学》《饭店管理》《旅游心理学》《旅游经济学》《旅行社管理》《旅游市场营销》《旅游规划与开发》。专业课程教材有《导游业务》《旅游法规》《餐饮管理》《前厅与客房管理》《旅游英语》等。除此之外还有部分教师授课使用旅游教育出版社或其他出版社的专业教材，如旅游教育出版社的《旅游资源学》和科学出版社的《旅游资源开发》等。以"旅游资源学"课程为例，利用新媒体找到该课程与思想政治教育的契合点，在课堂教学上，把思想政治教育实现代入感，提高课堂教学成效。

（三）旅游管理专业学生占比

以笔者所在的历史文化与旅游学院为例，学生最多时达13个班级。旅游管理系从大一到大四共4个班级，外加"3+2"一个班级和"5+2"两个班级，这加起来是7个班级。笔者所在的江苏师范大学下辖科文学院，其中设置有6个班级，包括大一到大四4个班级和专转本2个班级，共计13个班级。旅游管理专业班级多，学生人数多，在学院乃至全校都是有目共睹的。

高校教书育人的核心是立德树人，将德育工作融入高校教学工作中。高校专业课程设置所占比重较大，与之相对应的思想政治教育课程却开设较少。专业课程与思想政治教育的结合不是十分密切，这就要求教师们在专业教学背景下深入挖掘不同课程与思政课程的关联性，并把教书育人、立德树人等思想政治教育融入课堂教学中。旅游管理专业学生在大学四年的学习生涯里，在第二、第三学年中，基本上会把基础课、主干课和专业课学业完成。这个时期是大学生个人世界观、人生观、价值观形成的敏感时期，需要课堂上教师们的正确引导，应在政治引导、思想引领及组织带头的基础上，加强旅游管理专业课程教学与思想政治教育教学工作的有机结合和更有效衔接。

二、旅游专业教学和思政育人课程的实践路径

（一）根据思政课程要求，认真教书育人

习近平主席提出高校思想政治教育工作要利用好课堂教学渠道，真正做到专业课程与思想政治教育工作理论同步发展。随着社会进步和人类发展，要求旅游管理专业授课教师不仅要有专业素养和职业操守，更要拥有

正确的思想教育理念。作为高校教师，应对旅游管理专业学生树立正确的培养目标，不仅要让其拥有热爱祖国、遵纪守法、爱岗敬业、勇于实践等思想，其自身还需要具有过硬的旅游专业知识，并且要有服务社会、报效祖国的理念。教师把思政课程教学与教书育人行动密切结合，这也可以作为思想政治教育的评判标准。对学生而言，不仅考察其平时的生活行为、学习态度、期中考查、期末考核等综合素质，还要对其专业能力进行全方位的测评与考核。

以"旅游资源学"课程教学为例，授课教师自己本身要提升立德树人意识，提升道德素养，积极挖掘该课程专业知识中的思想政治元素，找好思政教育与专业课程的契合点，全方位进行思政教育，提升大学生的道德素养。在这门课程的第二章有一部分内容是地质地貌类旅游资源，其中会讲到旅游吸引力与旅游功能这一内容。说起雄伟美会提及"五岳独尊"的泰山、"雄秀西南"的峨眉山；说起秀丽美会提及"如情似梦"的桂林山水、"淡妆浓抹总相宜"的杭州西湖；说起险峻美会提到素有"天险"盛名的华山，此外黄山的天都峰、九华山的天台、峨眉山的金顶也都因险峻而具有独特魅力；说起幽静美会提及"天下之幽"青城山、云台山的幽潭、雁荡山的筋竹涧、云台山的幽潭。这些旅游资源不仅具有形态美，是广大游客观赏自然景观的绝佳地域，而且具有科学文化内涵，是开展科学考察、旅游与科普教育的理想基地。教师通过以上内容教学和宣讲，使学生们在课堂上不仅感受到伟大祖国地大物博、历史悠久、文化灿烂和山河锦绣，而且能够培养学生们的爱我中华、报效国家的家国情怀，从而树立学生们放眼世界、胸怀祖国、服务社会、建设家乡的理念。"旅游资源学"这门旅游管理专业课程对外讲述中国悠久历史故事，传播中华优秀传统文化，可激励同学们增强爱国报国的坚定信心，以及树立爱我故土的正确理念。

旅游管理专业所开设课程中，很多内容会涉及历史遗迹。教师在进行旅游专业课程教授的同时，可以结合实际穿插思想政治教育内容，达到教书育人、立德树人的教学效果。以被誉为"世界第七大奇迹之一"的长城为例，长城象征着中华民族的伟大意志和坚强力量。国歌《义勇军进行曲》使长城在人们心目中已升华为众志成城、坚不可摧的民族精神和国家意志。长城是中国古代的军事防御设施，是世界文化遗产。历史遗迹类旅游资源是指能够吸引旅游者，满足游客的旅游体验，为旅游者所利用并产生效益的历史遗迹。在讲述长城这个历史遗迹时，主讲教师要专门强调长城记录了中华传统文化的特征，是传统文化的具体体现和高度凝聚。她是我们中华民族发展历史进程中不可或缺的无比重要的历史遗迹，是广大游客和全体人民探讨文化演变脉络的窗口。自古至今，无数文人墨客为她写下了众多的诗篇。不仅如此，长城所带来的人口迁徙使汉文化的传播更加明显。长城也是古代中国文明的杰出见证。长城在中华民族多元一体格局的形成和发展上也起到了重要作用，促进了中国古代汉族和多个少数民族的融合。长城不仅有军事意义，还有重要的文化意义，南北文化交流、昭君出塞、敦煌莫高窟、云冈石窟以及元代的居庸关，清代的卢沟桥等，都体现了长城文化交流的特点，长城事实上已成为其他文化人民了解华夏文化最好的切入点之一。

高校的思想政治教育目标包括培养爱国主义精神，增强社会责任感，以及树立正确的价值观。[1] 思想政治教育的内容可以穿插在专业教学课程中进行。旅游资源学课程中，以长城为例讲授历史遗址，教师要有高度的爱国情怀和民族自豪感，激发学生爱我中华、报效祖国、服务社会的理念，真正达到了教书育人的目的。旅游专业课程教学以及专任教师的思想政治教育工作的植入，会激发大学生们的民族自豪感、自信心和爱国热情。

（二）掌握思政教育内容，革新教学方式

高校思想政治教育的根本目标是使学生们树立正确的世界观、人生观、道德观，帮助学生树立远大志向，形成正确的政治思想观念，在学习好专业课基础的同时，能兼顾德、智、体、美全面发展。旅游专业课程教学大纲要求完成技能讲解、知识传授、思想教育和思政教育目标。在现代网络高速发展的今天，可以借助网络思想政治教育资源，整合多媒体网络资源，在丰富专业课程教学的同时，挑选出高校思政育人课程的知识点，选择健康向上、积极进取的资料，对学生进行深入细致的思想政治教育的融入与吸收。以"导游业务"课程教学为例，讲到导游工作的社会文化价值时，有一个案例是——最大的"人"字。我们中华民族花了两千多年的时间，在祖国960多万平方公里的土地上书写了一个大写的"人"字。长城为"撇"，千里大运河为"捺"。我们每一个中华儿女都为此而感到骄傲，同时

---

① 李祖超：《发达国家高校思想政治教育比较研究——基于培养创新型人才的视角》，《建设创新型国家和中国高等教育的改革与发展——2006年高等教育国际论坛论文汇编》，天津大学出版社，2006年，第343－354页。

也在提醒我们，不要辜负了这个"人"字。教师课堂上专业知识的讲授与传承，使得大学生们的爱国热情和民族自豪感油然而生。

任课教师通过专业知识的讲解，帮助学生深刻理解中国历史悠久、文物众多、底蕴深厚，中国人民勤劳勇敢、极具智慧、拼搏进取，其宝贵的物质财富和文化精神更是中华民族的骄傲。教师通过细数深挖专业课程中的思想政治育人知识的碎片和元素，向学生做文化传播、学习指点、专业讲解，让学生领略到中华文化的博大精深和无穷魅力，进一步激发其对祖国的自豪感和热爱。

随着网络技术的运用、现代科技的发展，高校课堂上可以接受更多的专业知识传授。旅游管理专业思想政治教育应该帮助大学生树立正确的思想导向，创新教学模式，紧跟时代脉搏，追随社会发展，关注国情变化，把学生们培养成德智体美全面发展、符合国家需要、服务社会的复合型人才，是高校旅游管理专业教学与思想政治育人教学的最终目的。在高校旅游专业思政课教学过程中，结合实际，让学生了解到国际国内旅游市场的发展趋势，掌握旅游企业的相关运行规律。

在旅游管理专业课程教学过程中，要始终贯穿思想政治教育的教学理念。以笔者所在的徐州市为例，红色旅游为主题的产品，必须讲到淮海战役烈士纪念塔。2017 年 12 月 13 日，习近平主席来到江苏徐州，瞻仰了淮海战役烈士纪念塔。淮海战役烈士纪念塔在 1986 年被国务院批准为"全国重点烈士纪念建筑物保护单位"，2017 年入选第二批"中国 20 世纪建筑遗产"名单，2017 年 12 月入选第一批"全国中小学生研学实践教育基地"名单。2021 年 8 月，中国侨联将其确认为第九批中国华侨国际文化交流基地。同时淮海战役烈士纪念塔也是全国大学生爱国主义教育基地。淮海战役烈士纪念塔不仅是祭奠忠魂的场所，也是国防教育基地。在"导游业务"课上，笔者作为授课教师，使用简单概述法、分段讲解法、突出重点法、创新立意法等讲解方法介绍淮海战役烈士纪念塔园林景区，不仅让学生理解和掌握相关专业知识，而且植入了相关爱国主义教育内容，进而丰富了专业课程思想政治教育的内涵，发挥了思政教育的积极作用，从而实现了思政教育和专业课程的高效统一和密切结合。不仅如此，同时辅之以实践教学，笔者多次带领学生前往淮海战役纪念塔进行实地考察，学习观摩，调动学生们的学习积极性、主动性，提高了学生的学习热情和专业情趣。

从淮塔这个红色旅游主题的课堂教学中，学生们认识到革命先烈"抛头颅洒热血"，为我们子孙后代打下了大好江山，今天的和平盛世来之不易，定要倍感珍惜、不负重托。实地考察也能让大学生心底深处油然而生出对先烈的悼念之情和崇高敬意，从而提高旅游专业素养和思想道德水平。

（三）遵循思政课程特点，推进实践教学

高等院校的旅游管理专业教学，可以把思想政治教育融入旅游专业课程教学当中，挖掘和发现与专业课程相互关联的思想政治元素，从而实现思想政治教育的目标。同时要发挥大学生们的学习主体作用，教师通过课前预习、课堂巩固、课后复习的教学方式，引导大学生自发讨论、自主分析，将专业课程融入思想政治教育中。教师在课堂上除了专业讲解外，还要增加讨论交流环节，加大辅助教学力度。高校教师不仅要具有良好的教育思想素养，还要拥有坚定的信念和良好的职业道德。

所谓"严师出高徒"，教师的职责是教书育人，热爱学生，随时质疑，从严要求，只有从思想道德和法律规范等方面严格要求，才能使学生形成良好的道德品质，成为德才兼备的人。此外，教师还必须学有专长，"闻道先学"，教师是教学过程的组织者和领导者。无数事实证明：知识渊博、学有专长的教师，每堂课上都能给学生一定的积极教育和有效启迪。要把教学搞好，教师必须遵循教育规律，掌握教育技能，去激发学生的求知欲和学习的主动性，才能取得最佳教育效果。

时代的发展对高校人才培养环节提出了新要求，不仅要求学生们掌握专业理论知识，还要求专业课程实践教学的多样性，并且要强化思政课程教书育人的实践效果。高校要通过旅游理论和实践教学，培养学生爱岗敬业、踏实认真的工作态度。大学生无论是实践教学（如导游景点实训、酒店顶岗实习）还是社会实践，都可以从中得出结论。学校教育与社会教育密不可分，应该充分发挥社会教育对学校教育的促进作用，更好地提升教学质量，通过实践教学，帮助学生搭建展现自我、实现自我的舞台。这样可以避免沉闷封闭的课堂化教学，使教学方式和教学内容得到不断更新并富有活力。高校通过实践教学，不仅可以强化大学生的社会责任感，提高教学质量，增强对我们国家乃至对整个社会的服务意识和使命感，培养学生们的职业素养和责任担当以及奉献精神。高校教育肩负着为社会输送合格人才的重任，要培养合格的人才，就有必要加强实践教学和社会实践，如"导游业务""旅行社管理""旅游资源开发""旅游学概论"等诸多旅游管理专业的主干课程，都可以进行实践教学和社会实践，这样能够使大学生个体逐步树立自我概念，发展职业自我，从而在实践中增长才干，提高综合素质，实现个体的职业生涯发展目标，在将来的发展中，为国家需要、社会服务做好准备。

三、总　结

在高校开展旅游管理专业教学的同时，有效融入思想政治教育课程，既是时代发展的要求，也是大学生身心成长和旅游业发展的要求。

在社会发展的新形势下，需要探讨和分析思想政治课程教学育人的教学模式，进行高校大学生的思想政治理念的灌输和培养，有效落实立德树人的教育目标。为了完成这一任务，就要求我们高校师生并肩协作，不断探索，把思政育人自始至终穿插在全部教学过程中。在实现教书育人、立德树人的同时，为社会和国家输送专业知识过硬、职业素养良好，具有较高的文化素养、政治理念并具有家国情怀的合格旅游专业人才。

课程思政理念下旅游管理专业
实践课程教学探索

李海建

【摘要】　新文科发展背景下，旅游管理专业实践教学课程思政建设对培养复合型人才具有重要意义。通过对课程思政、旅游管理专业课程思政概念的梳理，解析实践教学课程思政的基本内涵，构建"体验实习—岗位见习—顶岗实习"三段式实践教学模式。以课程思政理念为指导，从饭店、景区、旅行社以及文旅相关企业层面，分析实践教学中的课程思政元素与教学方式。最后，基于实习实践全流程管理、产校协同育人、提升教师德育能力三个方面，探索旅游管理实践教学课程思政的支撑体系。

【关键词】　旅游管理；实践教学；课程思政

在课程思政建设背景下，旅游管理专业应把思想政治教育与专业理论、技能培养有机融合，为社会经济建设培养政治素养过硬、思想品德高尚、专业技能强的文旅人才。

一、课程思政的基本内涵

课程思政是指在专业课教学的过程中，遵循以德树人理念，设计相应教学环节，通过间接内隐的方式对同学进行道德观念、思想素养以及成长进步等方面的思想政治教育的过程。[①] 党的十九大指出，要落实立德树人根

---

① 谢雨萍：《建设一流专业背景下旅游管理专业课程思政建设初探——以桂林旅游学院旅游管理专业为例》，《湖北开放职业学院学报》2020 年第 10 期。

本任务，坚持把思想政治教育贯穿高校教育教学过程，实现全员育人、全方位育人。高等学校在知识传授的过程中，应将思想政治教育融入课堂教学，实现专业知识、技能和思想道德素养的有机结合。旅游是文化传播的载体，文化是旅游的灵魂，提升文化软实力，通过旅游活动让世界了解中国，促进互联互通，提高国民文化素养，弘扬和传承传统文化，成为旅游工作者的重要任务。因此，旅游管理专业开展思政课程建设是时代的需要、高校教育的需要和专业发展的需要。

旅游管理专业课程思政是指在旅游管理专业课程教学过程中，挖掘与思想政治教育相关的内容，引导学生树立正确的人生观、价值观和世界观。教师在教学过程中，在不改变专业课程属性的前提下，把思想政治教育作为专业课程教学目标之一，一方面注重学生旅游管理专业理论教学和实践技能的训练；另一方面对专业课中与爱国主义、价值理念、社会主义核心价值观、国家重大发展战略等相关内容，进行挖掘提炼，从理想信念、价值观、世界观等方面开展思想政治教育，发挥课程的德育功能，培养思想政治过硬、专业知识较强的复合型人才。

旅游管理专业实践教学课程思政是指在实践教学的过程中，开展思想政治教育，主要包括理想信念、社会主义核心价值观、红色文化、中华民族优秀文化、科学精神、团结合作精神等方面，实现实践课程与思政课程的有机结合，体现"立德树人""文化自信""理论自信"等时代要求。

二、旅游管理专业实践课程体系

江苏师范大学历史文化与旅游学院旅游管理系全体教师经过多年教学实践，为更好地激发学生的创新和实践能力，结合学生的实际情况，开展多元化学生培养渠道，体现个性化发展的需要，构建"体验实习—岗位见习—顶岗实习"的渐进三段式实践教学模式。

对一年级学生开展体验实习。在校学习期间，作为旅游管理专业教育的一部分，教师组织同学参观酒店、景区和旅行社等旅游企业，邀请旅游企业管理人员介绍企业发展历程和企业文化，引导同学了解旅游企业。在一年级暑假期间，同学们自主体验旅游酒店、景区、旅行社、OTA、民宿以及文创、会展等文旅企业的岗位文化，感受劳动的辛苦，进一步磨炼意志，提高自身的责任心和自我判断力。

对二年级学生开展岗位见习。学生在校学习期间，教师结合旅游资源学、旅行社管理、旅游景区、旅游规划与开发、旅游市场营销等课程内容，组织同学到旅游企业实地调研，深入了解旅游企业运营与管理；充分利用暑假时间，依托旅游管理专业，组织学生到文旅企业进行岗位见习，理论联系实际，提高学习的主动性和积极性，开阔知识面，扩大眼界，提高环境适应能力，增强人际沟通能力和团结协作能力，为将来择业和就业指引方向。

将三年级学生安排到文旅企业顶岗实习。学院已经与20多家文旅企业签署了实践实习基地协议，形成旅游饭店、景区、旅行社等多元化顶岗实习模式，实习单位通过对实习生半年多的考察，与部分学生达成就业协议。探索与完善"实习＋就业"的校企合作模式，有利于学生择业和就业。

三、旅游管理实践教学课程思政建设内容

在旅游管理专业实践教学中，实习企业主要包括旅游酒店、旅游景区、旅行社以及会展、游轮、文创、休闲体育等文旅企业，遵循旅游管理专业课程思政发展趋势，在各类实践教学过程中，融入思想政治教育。

（一）旅游饭店实践教学

旅游饭店实践教学主要包括酒店体验见习、校内实训和企业顶岗实习三部分，在传授饭店管理理论知识、基本技能的同时，培养同学创新意识、战略管理意识，以及较强的职业认同感和正确的职业态度、职业精神的饭店管理应用型复合人才。

在校内实践教学过程中，饭店实训课程是重要组成部分，主要依托饭店实训室开展前厅、客房、餐饮、酒吧、礼仪等专业技能训练，侧重于基本技能要领的训练，场景体验感不高，教师应引导同学关注技能操作本身，通过训练提高专业操作技能；同时，通过项目培养同学综合实践能力，依托掌握的饭店管理知识与技能，结合创新创业训练，成立项目组，针对饭店产品策划、市场营销、绿色发展、收益管理、战略管理、财务管理、人力资源管理等研究领域，学生自主设计项目研究框架、自主完成。项目组

通过项目实践活动，预设饭店场景，激发学生参与意识①，培养同学发现问题、解决问题的能力；同时，项目小组团结协作，共同完成一项任务，培养团队合作意识。

在饭店顶岗实习过程中，实习岗位主要包括前厅、餐饮和人力资源部门，同学们需要尽快适应岗位要求，处理好与顾客、同事、上级、实习指导教师之间的关系，调整心态和情绪，实现从学生到员工的转变。实习指导教师、饭店实习生负责人应积极沟通与合作，正确引导学生对饭店工作的认知，及时排解不良情绪、意外事件对实习的影响，解决实习过程中存在的各种问题，培养行业自信和职业道德，引导同学成长为饭店管理的高素质人才。

（二）旅游景区（点）实践教学

在实践教学过程中，选择具有深厚文化内涵、生态保护价值等典型旅游景区（点），教师通过组织同学参观、考察旅游资源，体验景区工作，在景区实习锻炼等方式，深入了解景区运营与管理、企业文化等。在景区实践教学过程中，要将习近平新时代中国特色社会主义理论、科学发展观、"两山"理论、乡村振兴等与旅游景区生态保护、文化传承、乡村旅游、旅游目的地发展等相结合，促进旅游资源保护与开发、旅游景区高质量发展，让学生树立正确的职业观。

在红色文化类型景点实习过程中，学生要充分学习红色文化，了解历史，潜移默化地接受爱国主义教育。② 如在淮海战役纪念塔景区实习实践基地担任导游或志愿者，为游客讲解淮海战役发展历程、英雄人物事迹等，深入学习淮海战役精神内涵，如一往无前、英勇善战的战斗精神以及团结协作精神、依靠人民群众的支前精神、全局运筹和战略决策的担当精神、服从党统一指挥的政治能力、积极捕捉战机的果断意识等，以弘扬淮海战役精神，提升对英雄的敬畏之情，增强爱国主义情感。

在湿地公园、国家自然公园等生态保护区，要传授生态文明的理念，引导同学尊重自然、保护环境。如在潘安湖湿地公园实习过程中，深入体会"绿水青山就是金山银山"，了解湿地对城市发展的作用，湿地的类

---

① 李盈：《实践教学中思政育人要素探索——以酒店管理专业为例》，《高教学刊》2020年第12期。

② 陈海鹏：《课程思政融入旅游管理专业课教学的改革》，《办公自动化》2020年第24期。

型、湿地动物群落、植物种群、水域系统等生态环境，依托湿地发展休闲旅游，为游客提供生态旅游产品，引导游客重视生态环境保护①，从自身做起，保护环境。在乡村旅游资源考察过程中，要进行生态文明和乡村振兴教育，充分认识乡村旅游对乡村扶贫的重要作用，贯彻乡村振兴国家战略。

（三）旅行社实践教学

旅行社主要为同学提供导游实习岗位，合格的导游员需要掌握导游基础知识、导游业务、法律法规和讲解技巧等②，在导游基础知识部分应引导同学树立较强的爱国主义精神。要引导导游员热爱工作岗位，发挥展示中国优秀文化、中国社会经济发展成果的重要作用，塑造美好中国形象。要通过参与博物馆、艺术馆以及大型节庆、博览会等组织的志愿讲解员活动③，提高学生导游基本素养和语言表达能力；同时，培养服务意识和社会责任感，拓展同学们的视野，增强对中华民族文化的认同感、自豪感，提高文化自信。在线旅行社客服专员实习岗位要求同学熟练掌握各条线路详细资料，包括景点、酒店、交通、签证、报价以及相关注意事项，需要较高的业务素养，具有为顾客服务的意识，耐心讲解，及时解答顾客的咨询或者疑问。

在旅行社实践教学过程中，要强化企业家精神教育。目前，国际形势并不乐观，旅行社行业面临如何生存下去的重大问题，然后是如何创新旅游产品、提高服务质量，实现产业复苏。因此，未来从事旅行社行业的同学，应具有敏锐的市场嗅觉，及时发现商机，具有创新意识、进取心、责任感、诚实、紧迫感、风险意识等企业家精神。④

（四）文旅相关企业实践教学

文旅相关企业涉及范围十分广泛，如会展、游轮、文创、休闲体育等。教师可以组织同学参观会议展览、历史文化街区、非物质文化展演以及文

---

① 窦群：《旅游专业"课程思政"建设的理论支撑与典型案例分析》，《北京联合大学学报》2020 年第 4 期。

② 陈丹：《课程思政在旅游管理专业教学中的应用》，《辽宁科技学院学报》2020 年第 4 期。

③ 付丽丽：《校企合作背景下对旅游管理专业课程思政的研究与探索》，《北京印刷学院学报》2019 年第 27 期。

④ 张小斌、吴小平：《"课程思政"视域下高职"双创"学科建设的思考——以江西旅游商贸职业学院为例》，《职教论坛》2019 年第 11 期。

化博览会、重大节庆、老字号餐馆等，了解旅游行业发展的新业态和新形势，同时深入了解地方特色文化与历史；组织同学开展市场调查、担任志愿者等活动，激发同学热爱生活、热爱旅游活动的情感，以培养对旅游管理专业的认同感。

四、旅游管理实践课程思政建设的策略

（一）实习前—实习中—实习后全流程贯穿思政教育

在旅游管理专业实习前开展思想教育，做好实习的思想准备工作。实习对于同学来说是一个新的转变，是走向社会的第一步，难免存在各种担心与困惑。教师通过实习前的思想教育，帮助学生正确认识实习过程中可能遇到的各种困难，增强自信心。主要体现在做好吃苦耐劳的思想准备、做好不计报酬的心理准备、做好克服困难提升自我的思想准备、做好快速适应新岗位的思想准备、做好自律自爱与自我保护的思想准备等。

在实习过程中，文旅企业实习负责人专职管理实习生，全面负责实习生的入职培训、岗位分配、实习生活安排等，其中，入职培训一般由人力资源部门安排，主要包括企业发展历程与企业文化、企业管理制度、经营发展现状等，介绍不同部门相应实习岗位的业务流程与岗位职责；同时进行团队精神的培养、人际沟通技巧和职业生涯辅导等职业道德教育。在旅游企业实习过程中，要加强学院与旅游企业之间、指导教师与学生之间的联系与沟通，学院、旅游企业、指导教师三方对实习工作进行指导、检查与反馈，及时解决出现的各种问题，宣传正能量，确保实习顺利进行。要通过撰写实习周记的形式，以文字方式记录实习中所见所闻、所学所思，内容包括感想、收获、成功与不足、经验与教训、人际关系与沟通以及对专业的理解等。实习周记是实习指导教师了解学生实习总体状况和学生实习经历的第一手资料。

实习结束以后，要撰写自我鉴定和实习总结，主要包括工作部门情况、实习岗位的职责、工作流程和服务程序等，服务意识与职业道德、服务规范与服务技能等方面的训练与收获。指导教师应关注同学实习前后的思想变化，积极进行正面引导，引导他们树立正确的价值观，为其职业生涯发展提供帮助。

（二）产校协同，共建思政教育体系

学院与旅游管理实习单位长期合作，建立包括酒店、景区、旅行社等多元化文旅企业实习实践基地，在产校共同育人的背景下，将思政教育与专业实习实践紧密结合。文旅实习单位指出，在新经济背景下，学校在强化专业理论知识和技能培养的基础上，应该加强职业道德教育，将社会主义核心价值观融入专业教学各个环节，提升职业素养。在新一轮旅游管理培养计划修订过程中，学院邀请文旅企业管理者参与其中，针对人才需求规格、核心技能体系，开展座谈与讨论，实现学校与企业合作，将课程思政理念融入旅游管理实践教学体系。

旅游管理专业课程与选修课程，如旅行社管理、饭店管理、景区管理、导游业务、市场营销、人力资源管理等课程涉及文旅企业的相关岗位，对实习岗位职责和岗位技能进行详细介绍，与课程见习、体验实习和顶岗实习相结合，培养学生的管理能力和岗位操作技能，培养学生吃苦耐劳、爱岗敬业、团结互助等；同时增强行业认知，提高职业道德感。在文旅企业实习实践过程中，企业管理者应关注实习同学的思想变化，进行正面引导，了解文旅企业发展的前景、运营模式，增进学生对职业精神和职业道德的理解①，协助制定个人职业发展路径。文旅企业与学校紧密合作，共同培养文旅企业的高素质人才。

（三）提升教师德育能力，创新教学方法

旅游管理专业教师应深入学习思想政治教育、课程思政建设的文件精神，充分认识课程思政的重要性，转变传统的教学观念，从单纯专业知识与技能传授转向专业知识体系和思想政治教育相融合的教学思维。加强教学模式改革，从教学目标、教学内容、教学方式等方面积极探索，将思想政治教育、专业理论和技能培训三个方面相结合，不断强化师资队伍的思政教育理念，提升教师德育能力。

在教学过程中，把立德树人作为教学目标，一方面，教师应认真学习习近平新时代中国特色社会主义思想和国家发展战略，提升教师自身思想政治素养，发挥表率和示范引领作用，以自身人格魅力为学生树立榜样。高校旅游管理教师对旅游业发展的形势、国家政策、旅游法规、旅游研究

---

① 王静：《校企合作背景下课程思政理念在旅游管理专业教学中的应用》，《西部素质教育》2019年第1期。

前沿应具有准确的理解和把握，在教学过程中严格要求自己，热爱旅游管理专业、遵纪守法、诚实守信，为学生做出表率和模范带头作用。另一方面，要坚持教书育人和立德树人的教学理念，从专业本身和思想政治教育两个层面出发进行专业课程建设，实现专业课程资源与思想政治课程资源有机融合。要创新教学方法，充分利用微课、慕课、思维导图以及案例教学、项目教学等知识载体，利用 AR、VR 等信息技术开展多元化教学①；结合不同教学内容以及学生实际情况选择适当的教学方法，激发学生自主学习的原动力。

---

① 贺静：《课程思政视角下高职旅游专业教学改革实践研究》，《教育理论与实践》2021 年第 3 期。

"旅游学概论" 课程思政教学实践中
存在的问题及对策研究

颜丽丽

【摘要】 为促进"旅游学概论"课程与思政教学的进一步融合发展，文章以高校旅游管理专业"旅游学概论"课程思政教学实践为例，通过对"旅游学概论"课程思政教学现状进行调查研究和思考，从"旅游学概论"课程思政的内容和育人目标出发，分析目前在"旅游学概论"课程思政教学中存在的问题，并针对存在的问题提出不断提升任课教师思想政治水平和专业素养，将课程思政目标和专业教学目标紧密结合，优化教学过程和评价体系等更好地体现思政目标等解决对策，以期对未来提升"旅游学概论"课程思政教学效果有一定促进。

【关键词】 课程思政；旅游学概论；教学实践

引　言

随着时代的进步与发展，高校教育的目标也在不断深化与完善。现在的高校教育不仅仅要培养和培训学生掌握扎实的专业知识与专业技能，还要紧跟时代发展，让培养的学生既能提供专业服务，又能紧密结合社会与时代发展要求，把专业素养和爱国情感、文化自信融合到一起，更好地为社会发展做贡献，更好地为人民服务。① 具体到旅游管理

---

① 高德毅、宗爱东：《课程思政：有效发挥课堂育人主渠道作用的必然选择》，《思想理论教育导刊》2017 年第 1 期。

专业更是如此，学生走向社会后，既能为客户提供专业的服务，又能带着极大的自豪感和自信心去完成这些工作，因为只有这样，才能更好地激发游客的游兴，帮助他们体验到旅游和度假的独特魅力。如何实现这样的教育目标，就需要在专业教育的基础上，更好地把思政元素与专业课程内容进行有效融合。① 习近平总书记指出，要用好课堂教学这个主渠道，使各类课程与思想政治理论课同向同行，形成协同效应。也就是说，各门专业课程的课堂教学就成为思政教育的重要阵地，不能仅仅依靠原来的几门思政课程。

课程思政，顾名思义，不是一门课程，而是一种教育的理念和思维，可以说是一种融合度强的多元化教育模式，在课程的各个单元和各个环节融入思政观念和思政元素，润物细无声地引领学生健康成长和全面发展。旅游学概论课程思政是在遵循国家有关要求和规定的前提下，在明确高校教育教学任务要求和学生认知能力及发展潜力的前提下，开发重组"旅游学概论"课程教学内容并与思政元素的有机融合，以便提高学生的思想觉悟和专业能力水平。

"旅游学概论"是高校旅游管理类本科专业核心课程之一，是旅游管理专业的一门重要专业基础课。此门课程开设在第一个学期，是学生接触的第一门专业入门课程，也是学生最初认识旅游业和旅游管理专业、形成初步专业思维的课程，在专业教育中的地位和重要性可见一斑。肩负着入门引导作用的旅游专业课教师，需要深入挖掘"旅游学概论"课程思政教育元素，既要以时代发展需要为原则，又要以行业需求为导向，为国家和社会培养高素质的专业人才。同时，教师还须结合当代大学生的思维模式和学习特点，用他们易于接受的方式，进行道德品行塑造和价值观引领。本文从"旅游学概论"课程思政的内容和育人目标、课程思政从"旅游学概论"课程教学实践中存在的问题以及课程思政融入"旅游学概论"课程教学的具体对策等方面进行论述，以期促进"旅游学概论"课程思政的实践与发展，更好地为社会服务。

---

① 谢彦君：《基础旅游学》，商务印书馆，2019 年，第 12－16 页。

一、"旅游学概论"课程思政的内容和育人目标

（一）爱国主义教育

近代旅游和旅游业开端，就要回溯旅游业和旅行社业在全球的发展轨迹及在中国的发展历史。虽然旅行社业最先发端于英国，但是在中国的开端和发展离不开陈光甫先生和他创立的中国旅行社。19世纪20年代，陈光甫先生创办的中国旅行社就有许多创新之举："旅行社与招待所捆绑经营，开辟旅游专列，组织出入境旅游，推行国内支票，发行旅游刊物等。"这些内容让人永远不忘国家利益和民族尊严，在发展当代旅游的过程中，开发旅游资源和产品，要永远以国家和民族利益为最根本的追求和出发点，以满足人民的精神需求、提升人民的生活品质为最终的发展目标，为人民当好服务员，做好各项旅游服务工作。

（二）文化自信教育

回望人类旅行的发展历程，我国古代时期社会各项条件为早期的旅行发展和完善作出过巨大贡献，无论是古老的"丝绸之路""海上丝绸之路""香料之路""茶马古道"，还是背负着货物游历天下的商周大商人，抑或是《易经》中"观国之光"造就了"观光"一词的由来，都能让人为我中华悠久灿烂的文明和文化而倾倒和折服。更不要说在旅游资源一章中，我国丰富的自然旅游资源、文化旅游资源和社会旅游资源分布之广，表现形式之丰富，开发潜力之巨大，都让人叹为观止。教师在讲解这些内容时，配合现实的案例和一些事件的真实背景，能较好地激发学生的文化自信心，可以适时鼓励学生从现在开始立志，发愤图强，把老祖宗留给我们的文化和资源保护好、利用好、开发好，并完整无缺地把这些资源交给后代子孙，一代代传承下去、发扬下去。

（三）诚实守信教育

"旅游学概论"课程中，无论是导游员、服务员还是旅游业管理人员，都要具备"游客为本，服务至诚"的服务价值观。不管是在旅行社、饭店、旅游景区还是其他旅游企业或组织工作，都要做到诚实守信，只有首先做一个诚实的人，才会成为一个诚实的旅游从业者，决不允许欺行霸市、以次充好、区别对待客人等。教师在结合相关教学内容把这些观念传递给学

生时，才能让学生在专业学习时更好地树立正确的价值观和世界观，并把这些优良的品质带到各自的工作岗位，传递给各自的服务对象，才能在旅游市场中树立正气和正能量。

（四）职业道德教育

与诚实守信一样，旅游业的职业道德也应在各专业课程中适时灌输和培养。作为最早和国际接轨的行业之一，旅游业从业者的职业道德显得尤其重要。这些职业道德包括但不限于规范的礼仪礼貌、严谨的工作态度和工作作风、规范的操作流程以及创新的服务意识、团队精神、大局意识等。教师在"旅游学概论"课程体系和课程内容讲解中要不遗余力地强调职业道德规范的重要性，让学生在学习期间就养成良好的职业素养和职业操守，为今后投身具体工作打好基础。

（五）工匠精神教育

工匠精神不仅指的是手工操作或者手作产品的精细要求与追求，更是对服务中精益求精的执着。服务无小事，永远关注细节和小节，不断打磨自己的服务技能、服务意识和服务追求是新时代旅游人的工匠精神。

二、课程思政在"旅游学概论"课程教学实践中存在的问题

（一）思政目标和专业教学目标不融合

目前在"旅游学概论"课程教学实践中，虽然也有思政元素的展现和表达，但是思政目标不系统，并且思政目标和专业教学目标两张皮的现象比较突出。专业教学目标是将学生培养成专业技能强、专业素养过硬的专业人，但是在旅游行业或者其他行业工作的人不应该只有过硬的专业知识专业技能和专业素养，他们的价值观也要和时代发展要求相一致。这些促进学生价值观和综合素养的目标不应该只出现在一些案例或者一些环节的教学中，应该和整个专业课程的教学目标相融合，渗透到课程的每个部分。

（二）教学设计单调、评价体系不科学

首先，教学过程和环节设计单一。课程思政不是思政要素和教学内容的简单相加，也不是简单地把思政元素堆砌到一起，而是要在教学的每个单元开发和发掘能陶冶学生品行的重要元素，把这些对学生成长有利的元素和专业素养的培养有机结合起来。其次，教学方式方法应设计得更生动

有趣，易于让人接受。最后，目前的课程评价体系比较单一，应调动学生的积极性和热情，把评价全方位做实。

（三）思政教学元素不突出、效果不明显

思政教学元素到底对学生的影响如何，对学生的成长帮助几许，这些教学效果目前还较为薄弱或者说很难收集到相关的数据和反馈。应利用大数据、网络、多年毕业生跟踪调查、学生分享感悟等多种方式和手段，对课程思政的教学效果进行追踪和调查，以利用更好地改进。

三、课程思政融入"旅游学概论"课程教学的具体措施

（一）任课教师不断提升思想政治水平和专业素养

课程任课教师既是知识的传播者也是这门课程的引领人，自身的思想政治水平要过硬。首先，教师在平时的学习中应多关注党的大政方针和理论知识的积累和理解，政治立场坚定，思维水平高超；其次，要在本专业领域内多吸取教学研究的新成果，紧跟时代发展和专业知识更新的大背景，在不断变换的社会环境和行业背景中牢牢把握住行业发展的动向和趋势。只有这样，才能用自己的眼界和能力引导学生学好各类知识，继承和发扬好中华民族的优秀传统文化，将专业技能和特长发挥到最好。授课教师应密切关注思政教育的最新政策和动态，在此基础上，深入研究"旅游学概论"及其他专业课程内容，深挖典型人物、事件和现象的思政教育元素，结合大学生的学习特点和心理，对他们关心的热点问题，以视频、案例、诗词、歌舞、戏剧、小品等形式展示出来，不断拓宽自己的知识面，深化对德育和思政元素的理解。同时学校和学院要制定科学的课程思政培训制度，将课程思政纳入各项专题培训，帮助教师把握课程思政的教学规律，提升德育的效能。

（二）将课程思政目标和专业教学目标紧密结合

"旅游学概论"课程内容分为三个模块：旅游基础知识、旅游活动的三要素和旅游活动的影响。要将课程的这些内容重新挖掘与整理，将其与思政教育相融合，除了注重"旅游学概论"传递的各项知识与技能素养外，还要强调知识素养技能中所蕴含的"态度、情感、审美与价值观"，并将此目标贯穿于教学的全过程。这门课程培养的人才不仅要具备较深厚的专业

知识基础，而且要对各类知识具备较强的综合运用能力以及沟通能力、交际能力，同时还要具有思考能力、创新创造精神、强烈的文化自信、家国情怀、高尚的品质以及过硬的思想政治素质、良好的职业操守、卓越的职业素养，能够做到继承和弘扬优秀的传统文化，推动中国文化走向世界和未来，不断增强学生的民族自豪感和历史使命感。

（三）优化教学过程和评价体系更好地体现思政目标

首先，科学设计思政教学体系。在拟定和修订人才培养方案时，要充分考虑如何结合旅游专业知识及技能、职业道德规范以及创新创业教育等思政元素来设定适当的培养目标。将各类思政元素充分融入教案和教材中。教师应先设定课程思政教学目标，再对本课程知识体系重新进行梳理与构建，根据旅游学科的特点优选出课程思政教学目标、主题及内容，以此为主线选取适当的教学方式及考评方式，从而形成科学的课程思政教学体系。其次，选取合适的教学方法和教学手段。从教材、参考书目的选择，到教学方法、教学手段的使用都很重要。除了传统的课堂讲授，还应充分考虑学生的兴趣和特点，多使用参观实践法、案例教学法、课堂讨论、角色扮演、翻转课堂等多类型教学方式，还可将线上线下教学相融合，利用慕课、微课堂、微信、QQ 等多种工具和手段增强课堂吸引力，让学生在思考中学，在乐趣中学。最后，完善多角度、多主体、全过程教学评价系统。在传统评价体系的基础上，引入教师自评、学生自评、师生互评、生生相评、同行互评等评价环节，全方位、多主体、全过程地参与评价，让教学效果更加直观，更有可操作性和推广性。

结　　语

"旅游学概论"作为旅游管理专业的基础课和入门课，承担着向学生介绍旅游学和旅游业的使命，教师在教学的过程中要引导学生了解、认识和接受旅游业，这不仅需要介绍专业知识和行业发展背景，还要把学生的家国情怀、文化自信、民族自豪感激发出来。本课程的思政教学，可以促进学生在学习中提升专业技能，培养学生的社会责任感和职业道德素质，让专业课的育人功能进一步完善。

"会展旅游"课程思政建设初探

谢五届

【摘要】 全面推进"课程思政"建设是落实立德树人根本任务的战略举措，也是提高人才培养质量的重要途径。针对如何更好地发挥专业课程的育人功能，实现知识传授与价值引领相结合，本文结合"会展旅游"课程的性质、特点和教学内容，从教学目标、教学内容以及教学方法挖掘与融合思政元素，以期达到"会展旅游"与思想政治理论课协同效应，实现立德树人的目的。

【关键词】 会展旅游；课程思政；立德树人；协同育人

一、引 言

自 2016 年 12 月习近平总书记在全国高校思想政治工作会议上提出"各类课程与思想政治理论课同向同行，形成协同效应"的教育理念以来①，"课程思政"随之进入大众视野并成为关注的焦点。从"思政课程"到"课程思政"的转变，体现了以习近平同志为核心的党中央对做好高校思想政治教育工作的重视，也预示高校思想政治教育创新发展的基本趋向。② "课

---

① 《习近平在全国高校思想政治工作会议上强调：把思想政治工作贯穿教育教学全过程开创我国高等教育事业发展新局面》，《人民日报》2016 年 12 月 9 日第 1 版。
② 胡洪彬：《课程思政：从理论基础到制度构建》，《重庆高教研究》2019 第 1 期。

程思政"强调理论与实践相结合，在正确价值观引领下传递专业知识，引导学生正确、理性地看待与分析问题，并将思政元素引入实践环节，使学生在亲身践行专业知识中形成正确的价值观、政治观、法治观和道德观，最终达到立德树人的目的。[①]

"会展旅游"是旅游专业限选课。根据教育部公布的《普通高等学校本科专业目录（2012年)》，会展经济与管理隶属旅游管理大类，从流动性和服务管理的角度理解会展，充分考虑了旅游和会展与经典传统学科的差别性。会展与旅游不可分割的联系成就了会展旅游课程，会展旅游属于商务旅游的范畴，对旅游经济发展和城市目的地建设具有重要推动作用，对塑造旅游目的地形象、提升旅游目的地知名度具有导向性作用。"会展旅游"课程思政育人元素承载量大、运用频度高，将思政元素渗透到"会展旅游"课程教学中，既可提升学生的专业知识和技能，又可发挥润物细无声的育人功能。

二、课程思政的概念和理论基础

（一）课程思政的概念

课程思政是将思想政治教育贯穿于课程体系的各个环节，激发专业课程中的思政元素，结合知识传授与价值引领，在润物细无声中立德树人。[②]"课程思政"的实质是一种广义的课程观，它以德育为目标，以课程为载体，从高校立德树人的本质出发，发挥专业课、通识课、实践课及其他课程中的德育功能，构建全员、全程以及全课程的综合性思想政治教育体系，进而实现从简单的"思政课程"平面式教学向多元的"课程思政"立体化教学模式转变[③]，引导大学生将理论化为方法，将知识践于德行，成为德智

① 高珊、黄河、高国举、杜扬：《"大思政"格局下研究生"课程思政"的探索与实践》，《研究生教育研究》2021年第5期。

② 高德毅、宗爱东：《从思政课程到课程思政：从战略高度构建高校思想政治教育课程体系》，《中国高等教育》2017第1期。

③ 高珊、黄河、高国举、杜扬：《"大思政"格局下研究生"课程思政"的探索与实践》，《研究生教育研究》2021年第5期。

体美劳全面发展的社会主义建设者。①

课程思政是在专业课的课程教学体系中自然地融入思想政治教育内容，通过挖掘专业课程中的思政要素，学生在获得专业提升的同时接受正向的价值观引领，实现知识传授与思想政治教育的结合。实现从原来的重专业轻德育逐步转变为德育与专业教育并重。以专业课为载体，思政理论为引领，辅以实践环节，活化枯燥抽象的专业理论知识，引导将个人理想追求融入国家和民族的事业中，达到塑造学生积极向上的价值观和世界观的目的。②

（二）课程思政的理论基础

课程中所传授的知识按照层次可以划分为事实性知识、方法论知识、规范性知识和价值性知识③，而实际的教学过程和评价体系要么重视事实性知识的效果，忽略其他三个层次的知识要素，要么各自为政，不能将四个层次的知识有机统一于课程体系中。课程思政将专业知识与思政教育有机结合起来，达到协同育人的效果，进而将学生培养成具有坚定的共产主义信念，且真正能够承担起中国特色社会主义建设重任和民族复兴大任的合格人才。通过课程思政，实现时代大背景下的国家大势与个体价值对接。④

"思想政治教育的根本内容是马克思主义理论"⑤，马克思主义经典作家有关人的全面发展的理论为课程思政提供了理论支撑。马克思和恩格斯关于人的全面发展的理论，主要涵盖了人的个体能力（体力、智力、交往能力等）的发展、人的社会关系的丰富化以及人的个性（身心和谐、个体的自我意识和道德观念等）的全面发展等三个方面。马克思认为教育"不仅是提高社会生产的方法，而且是造就全面发展的人的唯一方法"⑥。课程思政的推进在目标取向上同马克思主义关于人的全面发展的理论本质是一致的，课程思政建设的内在理论根基和根本价值目标是马克思主义。⑦ 课程思

---

① 王茜：《"课程思政"融入研究生课程体系初探》，《研究生教育研究》2019 年第 4 期。
② 高珊、黄河、高国举、杜扬：《"大思政"格局下研究生"课程思政"的探索与实践》，《研究生教育研究》2021 年第 5 期。
③ 胡洪彬：《课程思政：从理论基础到制度构建》，《重庆高教研究》2019 第 1 期。
④ 顾晓英：《创新思政课程，培育合格人才》，《思想政治工作研究》2017 年第 1 期。
⑤ 田心铭：《论马克思主义与思想政治教育的关系》，《马克思主义研究》2018 第 2 期。
⑥ 《马克思恩格斯选集》第 3 卷，人民出版社，2012 年，第 710 页。
⑦ 胡洪彬：《课程思政：从理论基础到制度构建》，《重庆高教研究》2019 第 1 期。

政就是通过将思想政治教育内容嵌入专业课的课程教学体系当中，确保大学生在获得专业知识的同时形成正确的价值认知，进而在提升个体能力的过程中实现个性的解放和全面发展。

（三）"会展旅游"课程选择的依据

在选择一门专业课程进行"课程思政"建设之前，首先要判断该课程是否蕴含丰富的思政元素。"会展旅游"是提升旅游管理人才知识基础和优化知识结构的必备课程，重点论述会展活动的竞争格局、旅游功能与价值以及对旅游目的地的营销和品牌塑造等。该课程蕴含着丰富的思想政治教育素材和资源，具备"课程思政"建设的先决条件。在"课程思政"的视角下，通过深挖课程中隐藏的思政元素，可以在不破坏原有课程教学体系连续性的基础上，发挥培养学生的爱国主义精神、科学精神及社会责任感的作用。

会展活动因其综合性、交叉性、层次性，而更倾向于使用"类型学"以明确其外延边界和具体类型①，主要包含展览、会议、节庆、体育赛事等类型，每一类活动类型都有其独特性和价值，在教学过程中需要引入大量的实例加深学生对其理解。如果将思政元素融合到这些实例中，则可以实现专业知识和思政理论无缝结合，同时增强学生对思政理论和专业知识的理解，达到立德树人的目的。

三、"会展旅游"课程的思政元素挖掘与融合

（一）完善教学目标

"会展旅游"课程的培养目标要求学生掌握展览、会议、节庆、体育赛事等四种重点类型的活动特点、竞争格局、运作机制以及对举办地（旅游目的地）的形象和经济影响等。展览、会议、节庆、体育赛事等类型的活动都能极大地促进人的流动与消费，促进地方建设和经济的发展，提升举办地的知名度。将思政元素融入会展活动理论讲解之中，可以引导学生理解会展活动的价值和意义，实现使学生增强爱国情怀、提升社会责任、增

---

① 罗秋菊：《会展概论》，高等教育出版社，2020年，第17页。

强文化自信和制度自信等德育目标，使学生深刻理解国家大势，激发学生将个人价值融入国家发展进程和中华崛起之中。

（二）优化教学内容

1. 专业知识点中的思政元素挖掘与融合

"会展旅游"课程中蕴含着丰富的思政元素，部分思想政治教育素材和资源见表3-1所列。要将这些思政元素融入课堂，可以在散列的教学过程中将思政元素融入会展旅游活动的每一重点类型之中，使学生在激扬的活动中感悟不俗的成就与不屈的奋斗。如让学生搜集上海进博会相关资料，延伸到研究为之提供物流服务的中欧班列"上海号"，进而通过研读《推动共建丝绸之路经济带和21世纪海上丝绸之路的愿景与行动》，让学生深刻地理解："一带一路"倡议是中央应对全球形势深刻变化、统筹国内国际两个大局做出的重大国家空间开发的战略决策。让大学生在理解国家发展大势基础上，提升家国情怀、坚定制度自信和文化自信，实现思政元素对专业知识的道德引领。

表3-1　融入课程思政元素的会展活动教学组织示例

教学内容	会展举例	课前准备材料	课中思政要点	课后作业设计
展览会	上海进口博览会	让学生收集上海进口博览会参展国家、企业和观众等信息，提前了解上海进博会的背景、价值和意义	让学生体验后疫情时代上海进博会给参展各国带来的"商机"，贡献的"力量"，实现的承诺，展示展览业蕴含的文化自信和制度自信	让学生收集进博会、广交会等大型、连续、系列化的展览会举办地，了解展览活动对举办地的综合影响
会议	博鳌亚洲论坛	让学生收集历届博鳌论坛的主题，了解博鳌论坛共商亚洲、全球发展大计的初衷和理念	通过历届博鳌亚洲论坛历届主题展示，理解为亚洲和世界发展凝聚正能量的初衷。理解中国政府在博鳌亚洲论坛中阐释的中国"与邻为善、以邻为伴"的周边外交方针与建设和谐世界理念，宣传和展示中国经济社会各层面改革开放成就	让学生收集AEPC峰会、G20峰会、金砖国家峰会等国际重要会议，并试图理解中国在这些会议中的责任与担当

教学内容	会展举例	课前准备材料	课中思政要点	课后作业设计
节庆活动	国庆阅兵	让学生提前收集整理历届国庆阅兵的方队，以及首次亮相的新式武器，了解国家的军事装备和实力	让学生观看建党100周年国庆阅兵仪式，体验中国海、陆、空的军事力量和各界军民团结的和谐氛围，感受美好生活的源泉和力量，激发学生爱国热情和社会责任感以及学习的动力	让学生收集整理自己家乡的节庆活动，深刻理解节庆活动的文化内涵，增强文化自信
体育赛事	奥运会	让学生提前了解奥运会的历史、理念和文化，理解"更快、更高、更强"的格言，激发拼搏进取，力争上游的斗志	让学生了解我国运动健儿参与的历届奥运会，奥运会的参与史也是我国自强不息、努力进取的历史，感受奥运会夺冠后，鲜红的国旗高高升起的荣誉感，激发学生爱国热情和努力拼搏的激情	让学生收集整理我国举办奥运会，参与国际大型体育赛事的艰辛历程，激发学生脚踏实地，发奋图强的意志

开展国际性会议、展览、体育赛事等活动，需要地方政府进行多轮谈判与策划，给予政策和制度保障。在中央政府的统筹下，各地方政府以经济为支撑、文化为纽带、旅游服务为保障承办了高层次、高水平的大型国际活动和会议，其中最为成功的案例为北京奥运会、APEC峰会、上海世博会和进口博览会等（见表3-2所列）。"会展旅游"课程以专业知识为载体，以包含思政元素的实例为辅助，将专业知识与思政元素完美地融合在一起，巧妙地传导给学生。这种润物细无声的育人模式，更易被学生理解和接受，因此对学生的影响和教育意义也更大。

表3-2 2014—2019年中国举办的重要国际会议

时　间	地点	会议名称
2014年11月5日至11日	北京	APEC峰会
2015年1月8日至9日	北京	中国-拉美和加勒比国家共同体论坛首届部长级会议
2015年11月24日至25日	苏州	第四次中国-中东欧国家领导人会晤
2015年12月14日至15日	郑州	上海合作组织成员国政府首脑（总理）理事会第十四次会议

（续表）

时　间	地点	会议名称
2016 年 7 月 13 日	北京	第十一届中欧工商峰会
2016 年 9 月 4 日至 5 日	杭州	G20 杭州峰会
2017 年 9 月 3 日至 5 日	厦门	金砖国家领导人第九次会晤
2017 年 5 月 14 日至 15 日	北京	首届"一带一路"国际合作高峰论坛
2019 年 3 月 26 日 29 日	博鳌	博鳌亚洲论坛 2019 年年会

资料来源：作者根据新华网资料整理

2. 设计思政元素与专业知识相融合的专业实践环节

学生实地参观调研会展活动现场，了解会展活动在国际形势严峻的背景下如何有条不紊地开展；如何实现在信息通信技术（ICT）支持、丰富和延伸线下会展活动；如何周密地策划实施，实现关键客户更好地思考与体验。组织学生带着这些问题和会展活动的主办方和承办方进行有效沟通交流，深刻感受我国抗疫、防疫工作的艰辛与周密，深入理解以 5G、人工智能等为代表的新一代信息通信技术（ICT）成为供给侧结构性改革的主导性动力给会展旅游业带来的激烈变革。展览、会议、节庆、体育赛事等参观、体验的实践环节，不仅可以加深学生理解课堂所学知识，树立更为明确的奋斗目标，加深学生对科技发展助推行业发展重要作用的理解，有助于塑造学生积极向上的独立人格和宽广的家国情怀、不忘初心的社会责任。

（三）改进教学方法

教学采用的方法主要包括构建教学大纲与思政要点之间的关联矩阵，建立教学案例与思政要素之间的一一映射关系。[①] 除此之外，更要做好课前、课后的准备和总结工作，加深学生对会展活动尤其是大型体育赛事、重要国际展览、国际峰会以及大型庆典活动价值和意义的理解，激发学生的爱国热情和社会责任，从而脚踏实地、努力精进。要将思政元素有效地融合到会展旅游专业课堂教学中，不仅要结合"课程思政"目标来合理调整教学大纲及教学内容，在透彻分析课程内容的基础上，适时将思想政治教育的素材和实例引入课堂教学和实践教学，挖掘会展活动的价值和意义，

---

① 刘伟、胡为、李小智、晏峻峰：《算法分析与设计课程思政教学研究与实践》，《计算机教育》2020 年第 8 期。

提炼会展活动所蕴含的家国情怀和社会责任，还需要结合教学内容做好课前准备及课后总结工作。具体来说，在每一个知识点讲解之前，教师需要提前为同学筛选与知识点直接相关的高级别的活动类型，要求学生在课前进行资料收集与背景了解；课中需要结合思政要点对教学内容进行透彻讲解；课后要求同学进行具有针对性的学习报告或课程实践报告撰写。通过课前—课中—课后多阶段强化，在保证知识点完全掌握的基础上，将思政要点潜移默化地融合在整个教学环节中。

四、结　语

课程思政建设是新时期加强高校人才培养工作的新要求、新举措和新方向，部分高校由于较早开始探索实施"课程思政"，目前已经取得了诸多成效，在全国形成了一定的示范效应。但是作为一种全新的教育理念，"课程思政"在专业课程中推广任重道远，还需进一步地研究和论证，以期在教学中凸显课程的育人功能。首先，教师不断精进思政理论知识，做到家事国事天下事事事关心；其次，专业教师与辅导员共同努力，深入交流实现思想工作扎根于专业建设；再次，专业教师之间深入研讨专业课程中的思政元素，挖掘思政元素，实现思政课程与专业课程的无缝衔接。

"导游业务"课程思政元素融入与教育提升策略

殷英梅

【摘要】 课程思政在全面提升教育质量、回归教育的本源方面具有根本性的意义。"导游业务"作为旅游管理专业的核心课程，蕴含着丰富的思政教育元素，在爱国主义情怀、人生观和价值观教育、文化自信培养以及职业道德教育方面具有理论接口。在日常教学工作中，要从思政教育的视角深化理论教学的层次，通过设计相关情境，培养学生正确的人生观和价值观，树立起爱国情感和文化自信。同时，要强调思政教育的学生主体作用，用新时代学生喜闻乐见的形式播撒思政教学元素。

【关键词】 导游业务；课程思政；教育理念

引　言

课程思政不仅是育人的方式方法，更是一种教育理念和人才培养的价值旨归，是对"为谁培养人""培养什么样的人""怎样培养人"的回答。[①]高校开展课程思政是对习近平总书记一系列新要求、新论断的落实，也是在中国特色社会主义新时代构建"三全"育人格局，将思想政治工作体系贯通于人才培养体系，全面提高人才培养能力，推进中国特色社会主义一

---

① 翟文豹：《课程思政建设：逻辑起点、基本前提与实践路径——以行业特色型高校为例》，《现代教育管理》2021 年第 9 期。

流大学建设的根本举措。① 挖掘各专业、各课程的思政元素，真正将教育全方位体现在提高知识、强化技能，最重要的是建立起坚实的思想道德底线和正确的人生价值观念，为社会主义建设培养合格的人才，实现将德育放在人才培养首位的目标。导游业务作为旅游专业学生的核心类课程，担负着为旅游行业培养合格导游人员的重要职责。思政要素的融入，对提升导游人员素质，改善旅游服务供给，具有重要的价值和意义。②

一、思政教育融入"导游业务"课程的必要性

"导游业务"是以培养学生掌握导游工作的性质、流程以及服务规范等为目的的一门旅游管理专业必修课程，旨在培养具有良好道德素质以及完备的从业资格能力的导游从业人员。鉴于导游业务课程的目的在于培养具有外联性和服务型的导游人员，在本门课程中介入思政教育十分必要。

（一）导游是对外交往的窗口，代表国家和地区的形象

导游员被誉为民间外交家，他们的言行举动代表着国家和地区的形象，是旅游者了解地方的窗口。从这个意义上说，导游必须是"根正苗红"的群体，才能向来自国内外的游客群体传递正能量。对境外游客来说，导游群体需要在涉及国家和民族尊严、领土完整、人权现状等较为敏感问题上坚守立场。对境内游客来讲，导游代表着旅游目的地的形象，其对客态度、业务能力、职业素养等，直接构成游客体验和评价地方的重要环节。坚持政治立场，做到方向正确，明确自己"区域形象代言人"的定位，是从事导游工作的必要条件。高校旅游管理专业课程的设计中，应能充分认识到这一群体作为旅游服务接触的一线人员，其一言一行在维护和传播国家与地区形象中的作用，积极将思政教育融入对未来导游人员的培养体系，对于未来我国导游群体的高标准建设，具有举足轻重的意义。

（二）导游是传播文化的使者，坚定的文化自信是其工作的不竭动力

"祖国江山美不美，全靠导游一张嘴"，业内流传的这句俗语形象地概

① 韩宪洲：《以"课程思政"推进中国特色社会主义一流大学建设》，《中国高等教育》2018年第23期。

② 丁雨莲，陆林：《旅游管理本科专业"导游业务"课程教学改革与创新》，《安徽师范大学学报（自然科学版）》2012年第4期。

括出了导游工作的作用。作为文化传播的使者，导游群体在为游客讲解的过程中，应能通过博观的文化视角，厚实的文化知识以及对中国五千年文明的深沉热爱，向所有在国内参观以及来中国体验的国际友人传播中国的优秀文化。他们在文化传播中的积极性、主动性和真情实感，与他们自身的文化自信密切相关，而文化自信的建立，需要从导游群体的培养阶段开始进行。旅游专业的本科毕业生从事导游工作，其较高的文化素质、较强的业务能力，必然会成为未来导游群体的业务骨干，引领导游职业的从业风气。从这个意义上来说，在大学本科旅游管理专业"导游业务"课程中，融入思政教学元素，着力培塑其文化自信，具有重要的意义。

（三）导游是触摸人心的职业，只有积极昂扬的人生观才能带给游客好的旅游体验

导游不仅仅传递知识，更传递情感。游客对导游群体的需求，除了能满足他们异地生活中的食住行游购娱等旅游核心要素，还需要他们用真情实感将这些要素串联起来，通过情感的赋予，让远道而来的客人感受到温暖。游客来到旅游目的地，希望在短暂的异地生活中感受风景之美，但更希望能感受到人情之真，作为与其朝夕相伴的导游群体，具有满足这一需求的操作便利性。而导游为游客实现正向的情感输出，首先就需要导游本身具有积极正确、昂扬向上的人生态度，对生活和生命有正确的理解。在这个意义上来说，"导游业务"课程不仅应传授如何在程序上做好一名导游员，也应该在人生观和世界观上教育学生首先做好一个具有积极生活态度和人生追求的人，其次才能成为一名合格的导游人员。

（四）导游职业面临多重诱惑，提早树立职业道德观尤为必要

由于当前旅游行业面临的一些积重难返的市场痼疾，导游群体的服务规范性以及市场和行业对导游人员的监管都不到位，故导游行业的就业环境较差，一定程度上增加了导游人员自行面对各种风险和诱惑的概率。[1] 比如，不法商家对导游许以高额回扣，诱惑导游共同参与对游客的欺诈消费中。再比如，旅行社迫于经营压力，对导游进行施压和诱惑，强迫或者是引导导游人员对参团客人通过加点、购物等方式进行隐性消费等。诸如此类的从业压力与利益诱惑，需要导游员有明确的甄别能力和抵御诱惑的心理素质。因此，在"导游业务"课程中，教师通过课堂思政要素的设计，

---

① 叶小青：《"导游业务"课程教学改革探讨》，《教育与职业》2012 年第 3 期。

为学生树立起导游从业的基本职业道德观，使其在未来的从业生涯中坚持基本的职业操守，避免成为市场不良运作的牺牲品；也通过个人力量的汇聚，一定程度上抵制行业运作中的固有模式，为旅游业的风清气正作出其个人的贡献。

二、"导游业务"课程的思政元素分析

导游业务课程设计包括课程理论和实务操作。不论是理论内容还是实践操作内容，都涵盖了丰富的思政教学元素。具体来说，其思政教学元素体现为以下几个方面：

（一）爱国主义情怀

新时代的高等教育以"立德树人"作为最基本的教育目的，这也是当前教育的本质内涵。"导游业务"课程在诸多细微之处体现着爱国主义教育元素。例如，在对旅游者特殊要求的处理、旅游者越轨行为、导游个性化服务以及社交礼仪基本知识等课程单元中，涉及导游人员与境外游客的关系处理。强调导游人员要本着国家尊严意识、主人翁意识、民族自豪感等，有理有利有节地处理相关问题。在常识篇中，社交礼仪基本知识以及旅游资源及景点基础知识部分，在对各个国家风土民情、我国不同民族的风土民情的介绍中，都渗透着对我国丰富多样的旅游资源以及漫长而繁盛的文化、多元而和谐的文明等的深沉情感。这些都需要通过授课者的传递，让学生真正体味和理解其中的爱国情感。

（二）人生观和价值观的教育

作为以服务为根本内容的导游群体，正确的人生观和价值观不仅是其个人生命价值实现和提升的必备要素，也是其服务能否获得游客认可的重要方面。导游群体正确的人生观和价值观，对于引导游客积极正向的旅游体验、文明的旅游行为等具有重要作用。导游在讲解过程中，突破单纯的知识介绍，上升至生命价值的思考和讨论，与向往在异地时空中追求到生命真实意义的游客进行情感和精神层面的讨论，对于其获得超出想象的旅游体验，具有重要的价值。"导游业务"课程多处涉及对当代大学生的人生观和价值观的教育，比如，在导游组织技能、游客个别要求与问题处理以及个性化服务等方面，都有对大学生人生观和价值观教育的接口。当导游

人员面对客人提出的合同的要求时，如何能秉持"多走一里路"的准则，为其提供超常服务，就需要导游人员树立起超越经济利益准则的价值观。再比如，当讲到导游工作的性质和价值时，教师应从生命价值观的视角对学生进行教育，使其明白导游工作与其他类型的工作一样，只有掌握了为何做导游以及怎么样做好导游的背景知识，才能真正使其在这个行业中停留下来，并且向游客以及其他同行传播正能量。

（三）文化自信培养

一名好的导游，在为游客讲解中国的大好河山之时，应有真情实感，而非简单背书。而当导游人员真正沉浸到对中国博大精深的文明和灿烂辉煌的文化的了解之中，深深的文化自信将油然而生。"导游业务"的课程设计，不仅包括在课堂上的理论讲述，使学生掌握导游工作的基本流程与规范，还需要将学生带出课堂，进入产业实践一线，让其真正在祖国的大好河山中，亲身感受山河美景和文化魅力。不论是在课堂上涉及对中国文化的讲述，还是在实践课程中对中国传统文化的亲身感受，都有利于学生建立起深切的文化自信心。作为教师，不能仅满足于对理论知识的传授，更要在课堂理论教学的相关环节和实践设计的有关板块中，将学生的文化自信养成作为其中重要的设计元素。具体到"导游业务"课程安排中，文化自信的培养具体体现在导游的历史沿革、社交礼仪基本知识以及旅游资源及景点基本知识中。而在实训课的具体安排中，应注意到文化景点和自然景点的均衡，文化类景点有利于导游人员产生对中国博大精深的五千年文明的震撼，而自然景点则有利于导游人员加深对祖国大好河山的热爱。两者兼容，对促进未来导游人员的文化自信心，具有重要的意义。

（四）职业道德素养教育

"导游业务"课程旨在培养具有良好职业道德和从业素养的未来导游群体。在课程设计中，除了包括具体的操作模式和业务流程的内容介绍，还包括对当前常见的导游从业困境的介绍。这些内容散见于导游服务技能以及导游服务规范等的内容介绍中，且多以负面案例的形式展开。这与当前导游群体污名化、旅游产业运营中存在的不良风气息息相关。在对相关章节的介绍中，应能以负面案例警醒未来的从业者，以灌输正确的从业理念和昂扬向上的奋斗精神，而不是与当前的不良风气妥协。引导他们走向正途，通过不断提升自己的理论素养和实践技能获取游客认同，而不是将谋生途径建立在对目的地的信息垄断优势之上。

三、"导游业务"课程思政教育的具体路径

鉴于"导游业务"课程中具有在爱国主义、人生观和价值观教育、文化自信培养以及职业道德养成等方面的课堂思政元素,结合当前国家对课堂思政教育的方针政策,旅游管理专业教学应积极地探索如何更好挖掘"导游业务"课程思政教学效果,创新教育途径,避免刻板地将思政和课程内容结合起来,而是通过形式多元的方式,润物细无声地为未来的导游从业人员树立起健全的人格和健康的理念。"导游业务"课程不仅包括课堂理论知识,还包括相应的课程实践,其课程思政教育可以从课堂内的理论教学和课堂外的实践教学两方面展开。本文思考的实施路径主要包括以下四个方面:

(一) 深化理论教学层次,留出课程思政的教育接口

秉持课程思政教育的初衷,深化理论教学层次,将课程思政与理论教学进行有机融合。杜绝简单的导游业务操作流程介绍,让学生在了解如何操作的基础上,知晓为何这样操作,以及这样操作背后的意义。以导游业务"实物篇"中的旅游过程中事故的预防与处理章节为例,除了让学生知道如何预防各种可能的技术性事故和游客人身与财产安全事故的处理原则和处理方式之外,还应让其知晓此类突发事故可能带来的对地方、民族乃至国家的潜在影响。一次漏接事故损伤的可能是中国人热情好客的形象,而一次流程操作失误可能引起游客发生人身或财产损失;在如今的网络化时代,一次不当的言行都有可能成为引发网络舆情乃至损害国家形象的导火索。从这个意义上来说,任何的专业课程教学都不能仅局限于专业能力的提升,而首先要在从业者塑造正确的价值观念和从业理念方面下功夫,只有这样,才能在千变万化的具体业务问题面前始终保持正确的操作方式。

这首先要求教育工作者认真思考应在何处留出课程思政教育的接口,并在课程设计中将思政元素有机融合进去。课程思政教育是自然而然地与理论教学融合,而不是机械嫁接。同时,要结合受教育群体的特征,用他们所能接受的方式,结合现代的实时热点,将导游群体需要具备的爱国情感、文化自信和职业操守等基本素养融入在对内容的讲授与案例的解析

之中。

（二）强调学生自我反思，避免说教式思政教学

课程思政教育绝非教师的单方责任，翻转式课堂、体验式学习理念在大学教育中的不断渗透，将学生在学习中的主体地位不断凸显出来。同样，课程思政教育的实施，也应该发挥学生的自我思考和自我认知在其中的主体地位。新时代受教育者认知世界的环境和行为方式都发生了极大的改变，其爱国思想的表达方式、文化自信的获取方式以及职业理念的确立，都在发生着深刻的变化。而教师群体，由于知识背景和成长方式的差异，容易与学生存在认知鸿沟，这使得重在思想层面沟通的课程思政教育，更应该注意教育的效果，发挥学生的自我反思作用，将学生作为课堂教学的主体，教师行使引导和串联的责任。在"导游业务"这样一门操作性极强、案例众多的课程中，发挥学生的主体地位，让他们在情境设计、案例分析以及课堂讨论中，自发地上升到思政层面，并用学生熟悉的表达方式和沟通途径，对所涉及的思政元素进行广泛深入的探讨，具有较好的便利条件。

（三）在实训课程中，增加对导游面临的涉及国家与民族尊严等问题的情境设计

现有的导游实训课程多数是按照教材给定的情境，操练学生的业务能力。业务能力固然重要，但思想价值观念的正确，更是至关重要的。从这一层面上来说，在导游实训的环节上，应有意识地设置相关场景，如有境外游客问及敏感的领土争端、抨击中国的行政体制，乃至诋毁中国人民的艰苦斗争等问题的实践情境，将学生置于处理问题的一线，利用不同学生对问题的处理，适时阐发正确的立场与观念。利用这类提前设计的案例和情境，在具体情境下反复强化国家尊严、文化自信以及职业道德等思政元素在做好导游业务过程中的重要意义，让学生通过身临其境的感受和正反处理方式的对比，树立起正确的理念。通过不断的实践和实训操练，将课程思政元素深深地融入学生的主观价值理念之中。

（四）与时俱进，用鲜活的人物与事迹做好课程思政教学

如果说理论教学具有一定的恒常性，课程思政则是灵活多变的。这种灵活多变并非体现在思政内涵的改变，而是体现为具体教育内容和形式的与时俱进。要立足于受教育群体的信息获取方式与偏好，结合实事热点问题开展课程思政教育。比如，在中美博弈冲突的背景下，分析如何更好地

接待美国客人；在乡村振兴、精准扶贫的背景下，分析如何对待来自农村的游客群体；在国家对影视娱乐行业进行整治的背景下，结合当代大学生过度地追星以及受之影响的人生理念，在对其进行导游职业道德教育和从业能力培养的内容讲解时，有机地贯穿和融入，引导学生进行深入的思考。

高校"前厅与客房管理"
课程思政教学改革探索

张俊洋

【摘要】 "前厅与客房管理"作为高校旅游管理专业的核心课程，承担着培养学生职业素养，提升学生职业能力的重任。本文通过分析"前厅与客房管理"课程思政改革的必要性，挖掘"前厅与客房管理"课程中的思政元素，进而提出课程思政改革的路径，达到提升学生职业素养，树立学生正确的人生观、世界观、价值观和从业理念的效果。

【关键词】 前厅与客房管理；课程思政；教学改革

习近平总书记在全国高校思想政治工作会议上强调：要用好课堂教学这个主渠道，各门课都要守好一段渠、种好责任田，各类课程与思想政治理论课同向同行，形成协同效应。把思想政治工作贯穿教育教学全过程，实现全程育人、全方位育人，努力开创我国高等教育事业发展新局面①。高校专业课要充分发挥育人作用，深入挖掘专业课程思政元素，大力推进思政教学改革。"前厅与客房管理"课程是旅游管理专业本科生人才培养方案中一门重要的专业必修课，以饭店前厅部和客房部的经营管理为主要教学内容，涉及前厅部和客房部的认知、相关操作技能以及运作管理等几大板块。这门课不仅能开阔学生视野，了解酒店房务部运营，学习服务技能，而且能提升学生职业素养，树立正确的价值观念和从业理念，为职业往纵深方向发展奠定厚实的基础，对学生的就业与继续深造均有积极影响。

---

① 习近平：《把思想政治工作贯穿教育教学全过程》，新华网：2016年12月8日讯［EB/OL］http：//www.xinhuanet.com//politics/2016-12/08/c_1120082577，2016年12月8日。

一、"前厅与客房管理"课程思政教学改革的必要性

（一）学生特点要求进行课程思政改革

1. 抗压能力不强

目前大多数大学生的成长经历中遭受的挫折不多，生活中衣食无忧，在家庭里有父母的宠爱，父母不舍得让自己的孩子受一点苦，能满足孩子要求的尽量满足。学生的求学经历也比较顺利，学校里学习生活很有规律，只要听从老师安排就可以了。这样不管在学习上还是在生活中，大学生之前经历的困难和挫折有限，这也造成了大学生面对困难时无所适从，不知如何面对，甚至一点小挫折就承受不住。

2. 缺乏职业规划

大学生在找工作的过程中往往显示出对职业规划的欠缺，比较盲目，只顾眼前利益，缺乏长远打算，有个工作单位先稳定下来，之后再找机会跳槽。他们缺乏对职业规划的理性思考，甚至不清楚什么是职业生涯规划，直接影响到对职业的选择和未来人生的定位。对自身认识不清也影响到准确的职业规划和定位。缺乏有效指导以及对职场环境认识不清导致职业规划缺乏针对性，短视思维突出，不能找到自己的准确位置。

3. 团队意识淡薄

目前的大学生大多为独生子女，从小养成的以自我为中心的思想根深蒂固，考虑问题的出发点往往以自我为中心，忽略集体和他人的利益，更缺乏团队合作意识。独生子女的生活环境决定了他们以自我为中心的思想意识，进而影响到大学生的学习、工作、社交等方方面面。

4. 沟通能力欠缺

人际交往是大学生活的必修课，当代大学生人际交往方面还存在自我封闭，不愿交往，或者渴望交往却又不会交往，缺少深度交往的知心朋友，以自我为中心等现象，一部分学生的人际沟通能力不强。

（二）酒店行业特点要求进行课程思政改革

当前的酒店行业工作劳动强度大、工作时间长、薪酬不高，对旅游管理专业毕业生吸引力不强。另外，社会认可度低、家长对酒店工作存

在偏见等因素，也是影响旅游管理专业毕业生不愿意到酒店工作的重要原因。酒店行业工作需要从基层做起，需要有坚持不懈和吃苦耐劳的精神，要有较强的心理承受能力和环境适应能力。新员工顺利度过酒店的工作适应期后，对工作环境和工作流程比较熟悉，这时的工作就会步入正轨，这期间需要三个月到半年。之后，通过不断努力获得晋升机会，工作收入、成就感等都会有所提升。这三个月到半年的时间是酒店新员工均需要经历的试用期，也是极易离职的时期。造成离职的重要因素是思想方面的问题，主要是对酒店行业、专业的认同，在于内心深处对人生困难与挫折的态度。这些思想观念方面的教育，需要把具有专业特点的思想教育的内容，融入酒店管理的专业课之中，才能帮助学生顺利度过试用期步入正轨。

（三）课程特点要求进行课程思政改革

"前厅与客房管理"是旅游与酒店管理专业必修的专业课程，具体研究旅游饭店前厅与客房的运行模式和管理。课程的教学目的是通过本课程的学习，使学生系统掌握旅游饭店前厅与客房管理的主要内容，能运用旅游饭店前厅与客房具体的管理规范、服务操作和质量标准。前厅与客房管理的实践环节主要有星级酒店实地参观和相关技能训练两种类型。星级酒店实地参观了解酒店前厅与客房主要设施设备、岗位设置及管理运作情况，主要依靠学生的课外时间开展。前厅与客房相关技能训练在实验室开展，学生通过实训操作掌握前厅与客房相关服务技能。

二、"前厅与客房管理"课程思政元素分析

文化是国家和民族的灵魂。党的十九届四中全会指出，要坚持共同的理想信念、价值理念、道德观念，弘扬中华优秀传统文化、革命文化、社会主义先进文化，促进全体人民在思想上精神上紧紧团结在一起。要坚持道路自信、理论自信、制度自信和文化自信。"前厅与客房管理"可以有效地扩展学生的思维和视野，可以帮助学生树立起正确的人生观、世界观、价值观和职业观，指引他们睁眼看世界，教导他们加强自身修为，增强社会公德意识。要充分挖掘课程思政元素（见表1所列），融入日常教学活动中，真正发挥课程思政作用。

表 1　前厅与客房管理课程思政元素统计表

课程思政目标	思想政治教育元素（教学内容）
1. 培养学生职业道德和职业素养； 2. 培养学生礼貌礼仪的养成以及实事求是的价值观； 3. 培养学生良好的服务意识以及团队协作精神； 4. 培养学生一视同仁的价值观、一丝不苟的工匠精神； 5. 培养学生服务意识以及灵活应变能力、客观公正的价值观； 6. 提升合作意识和沟通协调能力	第一篇　前厅篇 前厅部管理人员岗位职责与素质要求 通过了解前厅管理人员岗位职责和素质要求，培养学生职业道德和职业素养 预定管理 通过预订管理中的预订服务礼仪以及预订客房的推销，培养学生礼貌礼仪的养成以及实事求是的价值观和职业素养 礼宾服务管理 通过为客人提供礼宾服务和各岗位人员的相互协作，培养学生良好的服务意识以及团队协作精神 前台接待与销售管理 通过前台接待业务流程以及销售艺术和特殊问题的处理，培养学生一视同仁的价值观、一丝不苟的工匠精神以及灵活应变能力 收银业务 通过收银及夜审工作的讲解，培养学生认真仔细的工匠精神和客观公正的价值观 前台信息管理 通过前台信息收集以及与其他部门的信息沟通，提升学生的合作意识和沟通协调能力。 宾客关系管理 通过介绍大堂副理及宾客关系主任处理投诉及宾客沟通技巧，培养学生的服务意识以及灵活应变能力
1. 激发对酒店行业的热爱，树立旅游服务意识，强化酒店职业素养； 2. 培养学生按规范做事，按流程办事，树立严谨的规范意识和制度意识。树立科学发展观，提升管理思维；	第二篇　客房篇 客房部概述 通过对客房部的认知，激发对酒店行业的热爱，树立旅游服务意识，强化酒店职业素养 客房卫生管理 通过客房卫生清扫以及计划卫生的讲解，培养学生按规范做事，按流程办事，树立严谨的规范意识和制度意识；树立科学发展观，提升管理思维

（续表）

课程思政目标	思想政治教育元素（教学内容）
3. 树立文明服务意识，提高自身文明素质，强化酒店职业素养； 4. 培养学生的环境保护意识，注重节约和科学管理； 5. 树立学生正确的旅游消费观； 6. 培养学生的安全意识、防范意识以及认真仔细的工匠精神； 7. 培养学生遵守职业道德，遵守职业法律规范，树立法律意识。提升学生的基层管理能力，能关心同事，注重合作共赢	客房服务管理 通过客房对客服务规范的讲解，培养学生树立文明服务意识，提高自身文明素质，强化酒店职业素养 客房成本控制与预算管理 通过客房消耗品及设施设备管理，培养学生的环境保护意识，注重节约和科学管理 客房安全管理 通过客房安全防控知识讲解，培养学生的安全意识、防范意识以及认真仔细的工匠精神 客房人力资源管理 通过人力资源管理招聘培训以及激励的讲解，培养学生遵守职业道德、遵守职业法律规范、树立法律意识；提升学生的基层管理能力，能关心同事，注重合作共赢

三、"前厅与客房管理"课程思政教学改革路径分析

（一）提高师资队伍课程思政的意识与水平

提升师资队伍思想政治素养，认真学习习近平同志在全国高校思想政治工作会议上的讲话精神，深刻理解党和国家的方针政策和发展战略。深化国情教育和主流价值引领，坚决贯彻和执行关于加强学生思想政治教育的文件精神，提升将中国特色社会主义和中国梦宣传教育、理想信念教育、中华优秀传统文化教育、中华优秀传统美德、职业文化、工匠精神、革命传统教育、国防教育、劳动教育等融入专业课教学的能力。切实引导学生树立正确的世界观、人生观和价值观，引导他们牢记"四个意识"、坚定"四个自信"，增强使命担当，矢志不渝听党话、跟党走，争做社会主义事业合格的建设者和可靠的接班人。

（二）课程设计

教师要通过课程设计，把思政元素融入教学活动中，充分发挥课程的

育人作用。下面以前厅部分前台接待为客人办理入住（check-in）手续为例进行课程设计。

为客人办理入住手续是前厅部重要的职能，是教学中的重点实训环节，是要求学生掌握的基本操作技能，也是步入前台工作岗位的必备技能。为客人办理入住手续涉及接待客人、查询预订、办理入住登记手续等环节，此项教学实训环节设计采用两人一组、模拟演练的形式进行。接待客人环节融入一视同仁的思政元素，不能以貌取人，要平等对待每一位客人。在查询预订环节要融入一丝不苟的工匠精神，防止出现差错。在为客人办理入住手续时要注意培养学生职业素养，注意规范服务语言和递送物品礼仪；遇到特殊情况时要学会灵活应变，实在难以解决的问题要学会协作，向同事或领导求助。除了常规演练外，开发 check-in 典型案例让学生参与讨论，找出案例中不妥之处，进一步强化知识点和职业素养。

（三）课程实施

1. 建设翻转课堂

改变知识传递模式，将学习的主动权交给学生，引导其主动学习。可组织学生开展酒店房务部主题演讲活动；指导学生排练前厅客房预订、前台入住接待等情景剧，在班级交流；结合讲授内容组织开展前厅与客房服务中的爱国情怀讨论等，强化教学中的学生参与，建设成为翻转课堂。

2. 理论结合实践

将所学理论与产业发展实践紧密结合。教师带领学生参观具有鲜明企业文化特色的星级酒店，让学生将所学知识落地，从而获取更好的教学效果。

3. 开展信息化教学

将互联网等信息科技融入教学，采用线上线下混合式教学法：线上教学主要提供课前的案例解读、视频资料，课上利用在线手段完成课堂参与，线下主要是课堂上对重难点的讲解。

（四）课程延伸

1. 实体课堂+云课堂

采取以实体课堂为主、网络在线课堂为辅的教学方式。实体课堂主要提供师生面对面交流和讨论重难点的时空环境，而在线课堂则可以为学生提供课前资料推送和课后作业布置。线上和线下相结合的教学方式可以激发学生的兴趣，提高学生的参与度。

2. **课堂讲解+行业实践**

教师组织学生赴高星级酒店进行行业见习；组织学生实地走访国内著名旅游饭店，进行参观交流，帮助学生了解优秀企业文化，增强创新创业意识，明确职业规划。

（五）课程评价

科学设计和创新课程考核内容和方式，注重学生综合素质和能力的培养，融入思政元素的考核，建立"以教师为主导，学生为主体"的教学考核评价机制，尝试多元的实践活动考评方式，让学生参与考评，增强考核评价环境的开放性；同时，加强对学生平时表现和活动参与成效等的过程考核，特别是加强对学生职业素养的考核，引入行业导师考评机制，从行业规范角度做出专业评价。

（六）制度保障

课程思政教学改革需要学校相关规章制度的支持，学校鼓励教师进行专业课程思政教学改革，同时在考核体系中加大思政教学改革的比重，提高教师进行课程思政教学改革的积极性和主动性。学校要对教师课程思政教学改革进行相关业务培训，聘请相关专家传授改革经验。校内定期开展课程思政教学改革展示交流活动，便于教师互相交流学习。

"前厅与客房管理"课程思政教学改革刻不容缓。要通过课程思政元素挖掘和实施路径分析，充分发挥专业课的育人作用。教师要帮助学生养成良好的职业素养，树立正确的世界观、人生观和价值观，为将来进入酒店行业打好基础。

"经济学原理"课程思政教学研究

萧　磊

【摘要】　"经济学原理"是经济管理类专业的专业基础课之一，是和西方价值观紧密联系的课程，对该课程进行课程思政教学改革势在必行。本文首先论述了"经济学原理"进行课程思政教学改革的必要性；然后通过创新教育内容、融入思政元素，教学方法和教学手段创新等方面进行教学改革探索；最后通过健全课程考核评价体系来评价教学改革的效果。最终实现价值引领和知识传授的统一。

【关键词】　课程思政；经济学原理；教学研究

2019 年 3 月 18 日，在学校思想政治理论课教师座谈会上，习近平总书记提出"八个统一"的具体要求，即政治性和学理性相统一、价值性和知识性相统一、建设性和批判性相统一、理论性和实践性相统一、统一性和多样性相统一、主导性和主体性相统一、灌输性和启发性相统一、显性教育和隐性教育相统一，为思想政治理论课的教学改革创新指明了方向。如何全方位推进课程思政教学改革，特别是将课程思政更好地融入专业课程的教学中，是高校专业课教学改革中的重要内容。

一、"经济学原理"实施课程思政教育的必要性

党的十九大报告提出："要全面贯彻党的教育方针，落实立德树人根本任务，发展素质教育，推进教育公平，培养德智体美全面发展的社会主义建设者和接班人。"习近平总书记在全国高校思想政治工作会议上也强调，

要坚持把立德树人作为中心环节，把思想政治工作贯穿教育教学全过程，实现全程育人、全方位育人。目前我国高校思想政治教育理论课程已经比较完善，但专业教学中思想政治教育资源没有得到充分的发掘和利用。如何实现思想政治教育与专业教学的有效结合，把思政元素融入专业课的教学中，是高校专业教学改革中亟待解决的问题。

经济学原理是在西方资本主义国家经济制度的建立和历史发展变化的过程中，资产阶级经济学家为资本主义制度进行辩护，宣扬其合理性、合法性而诞生并不断被完善的经济理论体系，是西方经济学家对资本主义生产关系，特别是资产阶级的基本要求和观念在理论上的总结和概括。[①] 在改革开放的历史大潮中，"解放思想、事实就是"使得我国对经济学原理的认识逐渐客观理性。现在，我国对经济学理论有了更加科学和全面的认识，认为经济学的方法和理论可以在批判的基础上进行学习和借鉴，让其为我国社会主义市场经济服务，促进和完善我国的社会主义市场经济体制。同时青年学生价值观尚处在形成过程之中，要用社会主义的价值观进行教育和引导，培养出社会主义经济建设的合格接班人，因此有必要把思想政治教育融入"经济学原理"课程的专业教学中，让学生用社会主义核心价值观来理解我国经济运行的规律和特殊性，以更好地为我国社会主义经济建设服务。

二、将思想政治教育融入"经济学原理"专业教学的探索

（一）创新教育内容，融入思政元素

要选好思想政治教育和专业教学的最佳结合点，推动经济学理论和思政教育有效结合。就"经济学原理"课程而言，可以从以下几方面进行思考：

1. 以资源配置方式为融入点

资源的配置方式主要有政府配置资源和市场配置资源，政府配置资源有利于集中力量办大事，统一指挥，发挥协同效用。市场配置资源有利于调动广大市场主体的积极性，提升社会运行效率。我们要处理好政府和市场关系，充分发挥市场在资源配置中的决定性作用，更好地发挥政府作用，

---

① 《西方经济学》编写组：《西方经济学》，高等教育出版社，2012 年。

通过市场机制中所特有的优胜劣汰选择机制和激励功能，使各种资源要素得到高效配置；不仅克服贫富两极分化、负外部性和宏观经济失衡等方面的市场失灵，而且体现社会主义集中力量办大事的制度优势，为贯彻新发展理念、建设现代化经济体系、推动经济高质量发展提供制度保障。

2. 以市场供求理论为融入点

需求和供给是社会主义市场经济内在关系的两个基本方面，存在既对立又统一的辩证关系。需求侧管理和供给侧管理是宏观经济调控的两个基本手段，目前我国经济发展面临的问题中，需求和供给两侧都有，但矛盾的主要方面在供给侧一端。供给侧结构性改革是国家调整经济结构、转变经济发展方式，使要素实现最优配置，提升经济增长质量的治本良方，是当前和今后一个时期我国经济发展和经济改革的主线。要使学生充分了解当前国家实施供给侧结构性改革的意义，理解和支持国家的各项改革措施。

3. 以消费者行为理论为融入点

理性消费是指消费者在消费能力允许的条件下，按照追求效用最大化原则进行的消费。大学生作为一个特殊群体，其消费观念和消费行为不仅关系到自身的成长，也会对社会各方面产生一定的影响。在社会现实诱惑下，大学生首先应该控制自己的消费欲望，不要被欲望所支配，尽量在自己能够承受的范围内消费；其次应该养成合理消费的习惯，不要非理性地随意购买；再次还要保持强大的自信心，用知识武装自己，而不是看外在的物品，不攀比，踏实做自己。学生应该明白勤俭节约的意义，拒绝非理性消费行为，远离校园贷，不虚荣，不盲目追求奢侈品，做具有良好消费素养的当代大学生。

4. 以生产要素价格决定为融入点

各种生产要素的收入是国民收入的初次分配，由于民众拥有生产要素的数量和质量不同，国民收入的初次分配可能差异较大。我国是社会主义社会，最终目标是实现共同富裕。

要让学生理解收入分配改革新的时代内涵，意识到缩小社会收入差距、实现共同富裕是社会和谐发展的基础，自觉地支持和宣传国家收入分配制度改革的举措，为我国提高劳动者收入水平、缩小收入分配差距、促进社会公平正义作出当代大学生自己的贡献。

5. 以 GDP 的核算作为融入点

GDP（国内生产总值），是一个国家（或地区）所有常住单位在一定时期内生产活动的最终成果。GDP 是国民经济核算的核心指标，也是衡量一个国家或地区经济状况和发展水平的重要指标。过去我们的发展中一些地方政府存在盲目最求 GDP 的现象，造成了资源利用效率低和污染环境等问题。十八届五中全会上提出的"创新、协调、绿色、开放、共享"五大新发展理念，是解决当前发展问题的有效方法。让学生深刻理解习近平总书记提出的"绿水青山就是金山银山"等发展理念，追求人与自然和谐、经济与社会和谐的可持续发展，引导学生自觉改变生活方式，践行绿色、环保、低碳的理念，为我国 2030 年实现碳达峰、2060 年实现碳中和贡献自己的力量。

6. 以失业理论作为融入点

失业是指有劳动能力、愿意接受现行工资水平但仍然找不到工作的现象。对于社会来讲，失业会造成人力资源的浪费、降低经济的增长速度、威胁到社会的稳定等；对于个人来讲，失业会降低家庭的收入、影响家庭的稳定、影响个人的心理健康等。要让学生懂得，就业保障制度下的"懒汉"行为并非"经济人"在"利己"假设条件下做出的"理性"选择，大学生要努力学习科学文化知识，增强自己的劳动技能，为今后的就业打下良好的基础。大学生要以社会主义荣辱观看待自己的劳动，让劳动力资源最大限度地发挥出应有的作用和价值，为实现中华民族伟大复兴贡献自己的聪明智慧。

（二）教学方法和教学手段创新

为保证"经济学原理"课程思政的效果，教师在教学中可运用案例教学法、讨论教学法、情境教学法和对比教学法等教学方法。

1. 案例教学法

案例教学法是通过对一个具体情景的描述，引导学生对这些特殊情景进行讨论的一种教学方法。因此，案例教学是一种教与学两方直接参与，共同对案例或疑难问题进行讨论的、合作式的教学方法。教师在选取相关案例时要在德育视角下，结合我国当前的国情、社情等选择新颖、热点的和经济相关案例进行分析讨论。根据《经济学原理》教材不同章节的内容，很多知识点都能与现实中的案例结合。在分析案例过程中，课程思政教育可以顺势嵌入。

2. 讨论式教学法

讨论式教学法强调在教师的精心准备和指导下，为实现一定的教学目标，通过预先的设计与组织，启发学生就特定问题发表自己的见解，以培养学生的独立思考能力和创新精神。教师可以把学生分成若干小组，将讨论主题布置给每个小组，讨论主题多为近期发生的经济领域中的重要事件，要求学生提前搜集资料，并且所搜集的资料要与经济学课堂教学内容相匹配。在课堂讨论时教师要注意引导和嵌入思政元素。

3. 情境教学法

在"经济学原理"教学过程中，可以利用视频、多媒体等现代化教学工具，将具体场景展现给同学们，并进行思考和分析。在讲到经济周期问题时，教师可以播放《1929 年大崩盘》纪录片，让学生了解资本主义经济危机的危害，珍惜我国经济稳定繁荣的大好局面。

4. 对比教学法

教师通过分析比较相关概念与知识点的异同，便于学生更好地理解和掌握相关知识。例如，教师将完全竞争、完全垄断、垄断竞争、寡头垄断四种市场类型的特点进行对比，便于学生理解和掌握不同的市场结构类型，从而引导学生意识到建设公平、公正市场经济秩序和诚实信用制度的重要性；通过引导学生对比各国抗疫政策的效果和经济增长表现，引发学生对于社会主义制度优越性的自豪感，从而坚定学生中国特色社会主义道路自信、理论自信、制度自信和文化自信。

三、完善考核体系，提升思政教育效果

大学阶段不仅是大学生学习科学文化知识的高等教育阶段，也是大学生在人格塑造、道德情操、价值观等方面逐步成熟和定型的阶段，在这一阶段对学生进行思政教育恰逢其时，而对课程结果的考核评价则是验证"课程思政"影响力和实效性的重要举措。因此，"经济学原理"课程考核环节同样需要显现思政元素，即突出思政元素占比，从以往考察知识和能力的评价转变为知识、能力以及价值塑造三方面并重。[①]

具体的考核包括两个方面：

---

① 高千惠：《"课程思政"视阈下高校经济学课程教学改革探索》，《教育现代化》2019 年第 8 期。

1. 平时过程性评价

平时过程性评价主要依据学生在课堂上发言、课堂外实践以及调研报告的完成情况等环节进行测评。在评定成绩时，既考查学生对相关经济学原理基础理论知识的掌握情况，也考查学生对思想政治教育相关内容的领会情况。平时过程性评价得分占总成绩的比重可以定为60%。

2. 期末总结性评价

期末总结性评价的评分依据是学生期末试卷考试成绩。目的在于考查学生对经济学理论知识的掌握程度、应用相关原理分析解决实际经济问题的能力以及由相关经济学理论引发的有关我国社会主义特色市场经济建设的思考。在试卷内容的设置上，也要适当加大主观题的分值构成，以开放式、发挥型题型为主，让学生站在一定角度分析经济现象，并用所学经济学原理加以解释。试卷评分标准赋予更大弹性，灵活给分，更好地体现课程考核的"思政"属性。总结性评价得分占总成绩的比重可以定为40%。

四、结　语

总之，在"经济学原理"课程教学过程中，首先必须正确认识经济学原理的科学属性和阶级属性，取其精华，去其糟粕，让经济学理论指导实践的成果为中国特色社会主义市场经济建设服务。在教学活动中，教师要以马克思主义价值观为指导开展教学活动，在讲授经济学原理知识的同时，对学生的人生观、价值观进行正确引导，增强大学生的价值判断能力、价值选择能力和价值塑造能力，真正实现培养社会主义经济建设接班人的目的。

"公共关系学" 课程思政建设探析

王　蕊

【摘要】　"公共关系学"是一门交叉性强、综合性强和实践性强的课程，具有进行课程思政建设的优势。本文在分析该课程思政建设可行性的基础之上，详细阐释了该课程的目标体系和教学内容体系及其思政元素融入点；并针对现有在校大学生的"Z世代"背景，提出了要尊重Z世代青年的特征，融入他们感兴趣的思政元素，注重思政素材的积累，日常生活中做个有心人等实施建议。

【关键词】　公共关系学；课程思政

2016年12月，习近平总书记在全国高校思想政治工作会议上强调："要坚持把立德树人作为中心环节，把思想政治工作贯穿教育教学全过程，实现全程育人、全方位育人，努力开创我国高等教育事业发展新局面。"① 2020年5月，教育部印发《高等学校课程思政建设指导纲要》（以下简称《纲要》）明确指出："培养什么人、怎样培养人、为谁培养人是教育的根本问题，立德树人成效是检验高校一切工作的根本标准。"② 2020年7月，《江苏省教育厅关于深入推进全省高等学校课程思政建设的实施意见》中要求"全省高校要在公共基础课程、专业教育课程、实践类课程等各类课程、教材中落实课程思政要求"，并提出"专业教育

---

① 《习近平在全国高校思想政治工作会议上强调：把思想政治工作贯穿教育教学全过程开创我国高等教育事业发展新局面》，《人民日报》，2016年12月9日第1版。

② 中华人民共和国教育部：教育部关于印发《高等学校课程思政建设指导纲要》的通知，http://www.moe.gov.cn/srcsite/A08/s7056/202006/t20200603_ 462437. html，2020年6月1日。

课程要体现课程广度、深度和温度，集历史与现实、本土化与国际化、知识性与人文性于一体，与弘扬真善美结合，富有学科特色、彰显专业优势"①。

现代公共关系产生于美国，是当时的民主政治、商品经济、大众传播技术等发展的必然结果，并于 20 世纪 60 年代传入我国香港、台湾地区，随后在 80 年代初随着我国对外开放而传入中国大陆。作为一种社会实践和专业，由于其产生之初的"欧美血统"，故现有的《公共关系学》教材中所采用的教学案例，大多是来自欧美国家的宝洁、IBM、星巴克、迪士尼、沃尔玛、通用、可口可乐、微软和日本的松下、索尼、佳能等跨国公司的公关实践，对于我国的中国特色社会主义理论与实践、中华优秀传统文化、社会主义核心价值观以及中国企业的公关实践案例涉及得并不多。这种课程内容不利于授课教师落实"立德树人""为党育人、为国育才"的根本任务。因此，探索"公共关系学"课程思政建设，为课程赋予"中国特色"，具有重要的现实意义。

一、"公共关系学"课程思政建设的可行性

"公共关系学"主要研究组织与公众之间传播与沟通的行为、规律和方法，是一门由管理学、新闻学、广告学、传播学、心理学、社会学、经济学等诸多学科交叉形成的应用型课程。对"公共关系"的定义亦可以从不同的学科视角出发给出不同的界定，但无论从何种角度出发，都涉及社会组织与公众之间的沟通与传播，也是当今社会组织不可或缺的管理职能之一。因此，该课程的特点就是交叉性强、综合性强、应用性强。

《纲要》明确提出：专业教育课程要根据不同学科专业的特色和优势，从课程所涉专业、行业、国家、国际、文化、历史等角度，增强课程的知识性、人文性，提升引领性、时代性和开放性。由于"公共关系

---

① 江苏省教育厅：江苏省教育厅关于深入推进全省高等学校课程思政建设的实施意见，http://jyt.jiangsu.gov.cn/art/2020/7/9/art_58366_9307413.html，2020 年 7 月 9 日。

学"具有交叉性强、综合性强、应用性强的特征，其课程内容所涉及的知识维度超越时空，贯通古今。大到国家治国理政、内政外交，小至个人人际交往，均能为"公共关系学"课程内容提供育人养分。立足国家层面，可通过我国的对内治理和对外交往的举措来引导学生树立公共关系"求真务实"的意识。立足企业层面，可通过本土企业的公关实践来引导学生了解中国企业家的家国情怀、工匠精神、全局意识、长远意识、危机意识等。立足个人层面，从周恩来总理的个人魅力剖析，引导学生掌握树立个人形象的正确途径。站在历史角度，可从孔孟关于民心的论述、诸葛亮"七擒七纵孟获"的典故、中国共产党领导的人民军队不拿群众一针一线的传统中，引导学生认识到公共关系中的公众意识，深刻理解何谓"人心向背"。立足当下，可从 D&G、H&M、耐克等国外企业的辱华行为及其后果，引导学生认识到公关意识中的尊重公众意识。因此，"公共关系学"课程的交叉性、综合性和应用性，决定了其在课程思政建设中的优势。

二、"公共关系学"课程思政教学内容体系

（一）目标体系

《纲要》要求："落实立德树人根本任务，必须将价值塑造、知识传授和能力培养三者融为一体、不可割裂。全面推进课程思政建设，就是要寓价值观引导于知识传授和能力培养之中，帮助学生塑造正确的世界观、人生观、价值观，这是人才培养的应有之义，更是必备内容。"因此"公共关系学"课程的目标体系也应该是三位一体的，其中情感与价值观目标就是要突出价值引领作用，并应寓价值引领于知识传授的全过程，而不是与其他目标相互割裂开来。教师应在教授知识和技能的过程中，始终牢记引导学生树立爱国、敬业、诚信等社会主义核心价值观，激发学生的政治意识、大局意识等四个意识，进而强化学生们的政治认同、文化认同、身份认同、情感认同、价值认同。在实现知识与技能目标的过程中，完成课程的情感和价值观目标（见表1）。

表1 "公共关系学"课程目标体系

目标类型	目标具体内容
知识目标	掌握公共关系的基本原理和概念内涵
	掌握公共关系工作的一般程序及其工作内容
	掌握协调不同类型公共关系的方法和艺术
	掌握各种公关专题活动组织实施的工作要点
	掌握公关传播的基本原理及公关新闻策划的技巧
	掌握公关危机产生的原因、类型及危机公关的方法
能力目标	具有收集、整理公关信息的能力
	具有创新创意的能力
	具有组织、协调能力
情感和价值观目标	树立社会主义核心价值观
	树立尊重人民的意识
	激发四个意识，树立四个自信
	涵养家国情怀
	深化职业理想和职业道德
	强化政治认同、文化认同、身份认同、情感认同、价值认同

（二）教学内容体系

"公共关系学"的课程教学内容分为理论教学环节和实践教学环节，其中理论教学以教师讲授为主，实践教学环节以学生演练为主。

按照公共关系的理论体系与实践中的主要工作内容，"公共关系学"的理论教学内容依次为公共关系概论、常见的对象型公共关系、公共关系工作的程序、公共关系专题活动、公共关系传播、公共关系广告、危机公关和公共关系 CIS 战略等主要章节。在教学过程中，主要通过讲授、案例分析等方式积极融入思政元素（见表2）。例如，在讲授第一章中的公共关系意识知识点时，教师通过引入华为品牌国际宣传片 *Dream it possible* 在国内外的推广实践来引导学生认识到公关工作必须具备的公众意识和传播意识。在讲授公关策划的环节时，可以将新中国成立 70 周年人民日报与茶颜悦色联合推出的"中国正当潮"大型快闪活动作为案例进行讲解。该案例的宣传口号为"有为青年，看报喝茶"，链接了两个品牌名，并在活动中用场景陈列的方式展示了自 20 世纪 50 年代以来不同世代人群的饮茶习惯。剖析案例过程即是同时为学生们展示 70 年来我国发展成就的过程。

表2　"公共关系学"课程理论教学内容与思政元素融入点

课程篇章	主要教学内容	课程思政元素融入点
第一章 公共关系概论	第一节　公共关系的基本概念与要素	火神山和雷神山医院在线直播、《乘风破浪》的姐姐们爱心助农、华为品牌宣传片 *Dream it possible* 海外传播、海尔生产能洗地瓜的洗衣机、公安消防的抖音传播、D&G 辱华事件
	第二节　公共关系的职能界定	阿里巴巴集团的公益创新、人民日报的全媒体宣传、党史学习教育活动的作用
	第三节　公共关系的产生与发展	孔子孟子关于民心的论述、郑和下西洋、诸葛亮七擒孟获、周世宗御驾亲征、乔致庸的经营哲学、中国国家形象宣传片
	第四节　公共关系的主要职能	清华大学宣传片、汶川地震抗震救灾、鸿星尔克捐款、蜜雪冰城雪王的诞生
	第五节　公共关系的基本原则	中国"一带一路"主要成就、延安大生产中周恩来被评为纺线能手、中国共产党领导的人民军队"不拿群众一针一线"的光荣传统
	第六节　公共关系活动的模式	伊利安慕希《奔跑吧兄弟》公益健行计划、庆丰包子铺的社会型公关活动、厦门大学标识及史料实物征集仪式、一汽解放嘉奖英雄、海尔砸冰箱事件、奇瑞瑞麒 G5 新品发布德国系列活动、TCL 国际化战略
第二章 常见的对象型公共关系	第一节　雇员关系	晋商周莹的内部公关艺术、华为与阿里巴巴公司的企业文化建设
	第二节　消费者关系	大白兔奶糖和李宁的情感营销、华为的投诉管理、五菱荣光的逆天口碑、宝达美为自闭症儿童重启生产线
	第三节　媒介关系	大众深陷尾气造假门、北京奥运会的新闻媒体中心、BBC 的阴间滤镜、中国外交天团的不卑不亢外交艺术
	第四节　社区关系	华为获美国 AMCP 协会"最佳社区服务奖"、京东的助农扶贫
	第五节　股东关系	晋商周莹的股东激励、华为的股权激励
	第六节　政府关系	习近平主席访美随行企业名单、字节跳动的"山里 DOU 是好风光"文旅扶贫项目、美国封杀"Tiktok"、红顶商人胡雪岩

（续表）

课程篇章	主要教学内容	课程思政元素融入点
第三章 公共关系工作的程序	第一节　公关调查	毛泽东主席的"没有调查就没有发言权"的著名论断、中国国家形象全球调查报告（2019）、智敬·国之重器粤高校学子跨越港珠澳大桥之旅、海外受访者对中国品牌的熟悉度调查报告
	第二节　公关策划	TCL 的国际化战略、李宁新品发布会、新中国成立70周年人民日报与茶颜悦色的"中国正当潮"快闪活动、《何满子》猜电话号码赢黄金策划案
	第三节　公关实施	开国大典国旗背后的故事、2008 年奥运会开幕式点火时刻
	第四节　公关评估	《国家形象宣传片》播出效果评价
第四章 公共关系专题活动	第一节　公共关系专题活动及其作用	伊利的赞助实践、新中国成立 70 周年庆典老兵方队
	第二节　赞助活动	2010 世博会赞助商、联想赞助中国女排、阿里巴巴赞助女足
	第三节　庆典活动	青岛啤酒节、厦门大学百年校庆、建党 100 周年
	第四节　新闻发布会	抗疫系列新闻发布会、华为 P30 系列迪拜 Burj Park 发布会
	第五节　开放参观	伊利的开放参观成就、上海合作组织秘书长诺罗夫以及 20 多个国家的驻华使节在新疆维吾尔自治区参观访问
	第六节　展览会	全聚德企业文化展、厦门大学校史展
第五章 公共关系传播	第一节　公关传播的基本理论	抗美援朝题材电影《金刚川》宣传活动、从周恩来到"中国外交天团"、中国外交部记者例会、抗疫信息传播实践、G20 开幕晚宴
	第二节　公关传播的模式及其影响因素	乌合麒麟画作的影响、"中国领导人是怎样炼成的"
	第三节　公关传播的媒介	故宫博物院的新媒体传播、农夫山泉与网易云的联合营销、长沙银行×湖南省博物馆×茶颜悦色的联合营销、凡尔赛故宫淘宝直播
	第四节　公关新闻策划	国家公祭日系列活动、腾讯与新华社和联合国儿童基金会的"码上点亮梦想"活动、武汉地铁嘉年华、抖音的节庆公益、水井坊冠名"国家宝藏"

课程篇章	主要教学内容	课程思政元素融入点
第六章 公共关系广告	第一节　公关广告的产生	中国制造广告 Made In China、中国银行广告、2008年奥运会宣传片、华为迪拜哈利法塔广告
	第二节　公关广告的创意与策划	中国国际进口博览会形象宣传广告、西瓜视频地铁广告、支付宝：为世界带来微小而美好的改变
第七章 危机公关	第一节　公关危机与危机公关	腾讯老干妈事件的口碑逆袭、NBA 莫雷辱华事件、D&G 辱华事件、H&M 辱华事件、耐克辱华事件、央视《开学第一课》的危机公关
	第二节　公关危机的预防和处理	海底捞的危机公关、中国汶川地震及抗疫危机处理实践、腾讯老干妈事件的口碑逆袭
第八章 公共关系 CIS 战略	第一节　CIS 战略的内涵	水村山郭酒旗风、联想与万科和小米的 logo 演变、中国建设银行"善建者行，成其久远"、中国移动"正德厚生、臻于至善"核心价值观
	第二节　CIS 要素与设计要领	腾讯与阿里巴巴企业文化、伊利：健康中国的企业责任、2008 年奥运会吉祥物设计、陕西博物馆吉祥物设计、江苏师范大学 CIS、比亚迪品牌"秦""宋"等
	第三节　组织 CIS 的导入	国歌、国旗、国徽背后的故事

实践教学环节则可主要以任务驱动的方式，让学生以练为主。在任务的选择上，即可选择带有鲜明思政特色的主题。

三、"公共关系学"课程思政建设的实施建议

（一）尊重 Z 世代青年的特征，融入他们感兴趣的思政元素

中国一线天使投资机构青山资本在 2021 年 7 月 14 日发布的研究报告《2021 年中消费报告：Z 世代定义与特征》中，通过历史（信息媒介与社会事件）与年龄（成长周期）两把尺子，将 Z 世代界定为从 1998 年到 2014

年间出生的人群。① 在此之前，学术界一直将其界定为 1995 年至 2010 年左右出生的青少年。②③④ 无论是哪一种界定方法，目前高校在校的授课对象都一定属于或临近属于 Z 世代的青年。他们的成长伴随着互联网的日新月异，身处于"互联网媒介全息化"的时代，QQ、微信等各类社交软件所建构的虚拟社交挤压着他们的真实社交空间，抖音等短视频软件以及哔哩哔哩动画网（简称 B 站）等新媒体亦在深度刻画着 Z 世代的知识领域、价值观念和社交圈层。此外，后现代社会的"去权威化""多元化""个性化"等特征在他们身上也有所体现。教师在他们眼中属于"权威"，而教师在课堂上所传授的知识则属于"宏大叙事"。因此，要向他们传授知识，必须拉近和他们的心理距离，充分尊重 Z 世代青年的个性特征，用他们感兴趣的案例去打开他们的"信息茧房"。例如，教师在讲授企业社区关系维护和品牌 CIS 战略的时候，都可以用在青少年心目中是"自己人"的"蜜雪冰城"进行案例解析，总结出"蜜雪冰城"的成功在于其董事长张红超的企业家精神和家国情怀，以及背后营销团队的高超策划艺术。这样的"植入"，不仅不会让学生反感，反而能够让学生产生一种"老师懂我们"的感觉，从而更容易接受教师所传授的知识和价值观念的引导。

（二）注重思政素材的积累，日常生活中做个有心人

课程思政建设对教师本人的思想政治素养和道德修养要求较高。要想学生"扣好扣子"，教师首先自己要加强思想政治学习，积极地将日常生活中的各种学习、感悟、体会与课程内容相融合。例如，看到上海合作组织秘书长诺罗夫以及 20 多个国家的驻华使节在新疆维吾尔自治区参观访问，即可联想到该内容可以与公关专题活动"开放参观"有关。看到中国"一带一路"项目建设成果，联想到公共关系的"互惠互利、从我做起"等的基本原则。只有在日常的生活和学习中注重积累，才能够筛选出更多、更新、更合适的优质思政元素。

---

① 青山资本：青山资本 2021 年中消费报告：Z 世代定义与特征，https：//36kr.com/p/1310331587281670，2021 年 7 月 14 日。

② 张春贵：《让马克思主义有效触达"Z 世代"》，《青年记者》2019 年第 7 期

③ 王水雄：《中国"Z 世代"青年群体观察》，《人民论坛》2021 年第 25 期。

④ 张琳、杨毅：《从"出圈"到"破圈"：Z 世代青年群体的圈层文化消费研究》，《理论月刊》2021 年第 5 期。

四、结　语

　　"公共关系学"课程的交叉性、综合性和应用性决定了该课程具有建设课程思政的先天性优势。教师要在课程思政建设的过程中，始终坚持将价值观和情感目标融入知识和技能目标中去，并在教学内容选择上积极选择各种思政元素，充分融入教学的全过程，特别要利用好课程的实践教学环节，通过任务驱动的方式，合理设置任务主题，引导学生自主探究任务主旨。在课程建设过程中，教师除了以身作则、积极积累素材之外，还应做好学情分析，充分尊重 Z 世代青年学生群体的特性，用他们能够接受的方式进行引导。

"文化产业创意与策划"
课程思政教学设计探析

房　芳

【摘要】　以"文化产业创意与策划"课程中的网络视频创意与策划为例进行文化产业管理专业课程思政教学设计的探索。课程围绕爱国情怀、文化自信、法治观念和职业素养四个理念开展思政教学设计：国风短视频的课程导入、网络安全意识和爱国情怀的引导、网络视频内容制作中职业道德观的树立、知识应用环节的综合德育目标，希望通过课程思政教学培养德才兼备的文化产业管理专业后备人才。

【关键词】　文化产业管理；文化产业创意与策划；课程思政；教学设计

一、问题缘起

2016 年 12 月，习近平总书记在全国高校思想政治工作会议中强调"要坚持把立德树人作为中心环节，把思想政治工作贯穿教育教学全过程"。2020 年，教育部印发《高等学校课程思政建设指导纲要》，要求"把思想政治教育贯穿人才培养体系，全面推进高校课程思政建设，发挥好每门课程的育人作用，提高高校人才培养质量"。基于文化产业在意识形态方面的特殊属性，文化产业管理专业本科生的思想政治水平和专业素养将对未来我国文化产业发展的品质和价值取向有重要影响，因此，文化产业管理专业的课程思政建设尤为重要，而如何把思想政治教育融入课程教学中，发挥专业课程的育人作用是本论文要解决的问题。

二、文献回顾

1983 年，英国课程史学者丹尼斯·劳顿在《课程研究与教育规划》（*Curriculum Studies and Educational Planning*）一书中，提出了"课程是文化的缩影，是一种文化的选择"的课程"文化分析"（Cultural Analysis）理论①，为课程思政教学提供了理论基础。笔者在中国知网拟定"课程思政""文化管理""创意"关键词组合进行检索，共检索到相关论文 64 篇，筛选出文化管理类、创意类课程教学思政文献并进行梳理发现：当前学术研究大多从教学理念和教学实操两个方面对课程思政建设进行探讨。

（一）文化产业管理课程思政教学理念的研究

李军红（2021）提出从政治认同、文化自信、人文素养、法治观念与职业道德等核心要素推进文化产业管理专业课程思政建设。赵瑾（2020）提出"3+X"模式融入课堂设计，使专业课与思想政治理论课同向而行，形成协同效应的课程思政设计理念。王英豪等（2020）围绕"文化自信"的理念展开对中药学思政教学的设计。张瞳光等（2021）把乡土文化传承理念融入高校企业管理学科思政教育。张忠于（2020）认为，会展策划与管理专业课程思政要把核心理念立德树人落实在整个人才培养体系上。王慧博（2019）通过典型企业文化建设与中国传统文化相契合的案例，引导学生树立"以人为本"的人力资源管理理念。

（二）文化产业管理课程思政教学实操的研究

李国宇（2021）以文化产业概论课程作为课程思政与"亳文化"互动的桥梁，探索了教学理念、内容、方法的思政化。陈玉波（2021）以民俗文化为突破口进行艺术设计类专业的课程思政教学改革。曾琦、陈意（2021）探索了博物馆文化资源融入时尚手袋创意设计课程进行思政教育。顾振宇、戴永辉（2021）在数字媒体创意设计课程中从人才培养目标、德育内涵、教学内容、教学设计、教学方法和考核机制等方面进行了思政教学的有益探索。卢东华（2021）中国元素创意设计课程强调文化基因在教育中的重要性，将课程思政与专业知识无缝对接，思政元素"隐身"到课

---

① 武翠红：《英国课程史研究的发展及特征》，《大学教育科学》2018 年第 3 期。

程所授的专业知识、软件操作、项目练习等多个环节中。姚克难（2021）运用创新创意思维把课程思政融入艺术设计专业课程中。侯薇育（2020）对中国民俗文化教学大纲中每个知识点的思政元素进行有效挖掘，从学生的需求和困惑出发，进行正确的价值引导。魏以立等（2018）从知识目标、能力目标、素质目标三位一体构建市场营销策划课程思政教学体系。

综上，当前国内学者在文化管理类、创意类课程领域内进行了广泛的课程思政理论与实践的探讨，学术成果较为丰厚，为本论文的撰写提供了坚实的理论支持，但作为文化产业管理本科的主干专业课——文化产业创意与策划的课程思政尚未有具体研究探索，这正是本论文需要解决的问题。

三、研究方法与实施

论文采用文献研究法与案例分析法相结合的研究方法。一方面，在文献回顾的基础上，总结归纳文化产业创意与策划课程思政的教学设计理念与教学目标；另一方面，结合笔者在江苏师范大学历史文化与旅游学院2019级文化产业管理本科班"文化产业创意与策划"课程教学实际，详细阐述课程思政教学设计的内容与实施情况。

四、"文化产业创意与策划"课程思政教学设计理念

文化产业管理专业的设立是为培养具备爱国情怀和国际化视野，同时具有深厚的文化理论功底、扎实的人文社会科学素养、开拓性创新意识的文化产业从业人员。"文化产业创意与策划"作为文化产业生产过程中的核心环节，一直处于教学过程中的核心地位，是文化产业管理本科专业主干课，主要涉及文化产业各门类（如影视文化产业、网络文化产业等）的创意与策划，培养文化产业从业人员的必备专业技能。在课程思政教学中可以结合专业和课程的人才培养目标，围绕爱国情怀、文化自信、法治观念和职业道德四个角度进行教学设计。

（一）弘扬爱国情怀

文化产业管理课程思政的首要任务是增强学生对党和国家的政治认同、

思想认同和情感认同。① 由于文化产业具有精神属性和商品属性的双重性，其发展关乎国家文化安全。因此，爱国情怀是文化产业管理专业课程思政的首要教学设计理念。教育学生认清西方的文化霸权主义，坚定维护党和国家制定文化产业发展战略的正确决策，展示我国文化产业发展的巨大进步和伟大成就，激发学生坚决抵制西方文化霸权的侵袭和坚定国家利益高于一切的价值观，同时励志创意策划出我国优秀的文化产品并推向国际文化市场的爱国情怀。

（二）树立文化自信

文化产业即生产和经营文化产品、提供文化服务的企业行为和活动，包含大众熟知的报业、出版业、广告业、表演业、会展业、旅游业等众多文化行业。文化领域是本专业的主要阵线，专业课设置几乎都是围绕文化领域展开的，如何把我国优秀的传统文化通过创意策划等产业化过程推向市场是本专业研究的核心。教师通过引导学生认识博大精深的中华文化及传统思想价值体系，树立高度的文化认同，激发学生挖掘和整理文化资源，进而通过创意与策划巧妙地把文化资源变成文化商品的积极性与主动性，提升我国文化产品的国际竞争力，让"中国风"风靡全球。因此，坚定文化自信的教学设计理念可以把专业知识与课程思政有效联结起来，文化自信是联结文化产业管理专业知识与课程思政的天然桥梁。

（三）强化法治观念

由于文化产品和一般产品的价值体现方式不同，其精神价值占据产品价值的核心地位，而物质载体价值占据产品价值比重较小，这就造成了文化产品的核心知识产权被侵权成本低但维权成本高的现象。文化系统对知识产权的重视程度直接影响行业内文化创新的积极性。作为未来文化产业领域的从业人员，其法治意识的薄弱关乎文化产业市场的法治环境，也是文化产业可持续发展的关键因素之一。因此，通过课程思政强化法治观念，可培养学生的知识产权保护意识，引导学生用法律武器维护文化产业市场健康运行。

（四）提升职业素养

文化产品的双重属性要求企业在文化创作生产和经营时坚持社会效益

---

① 李军红：《文化产业管理专业课程思政的内容体系与实践路径探索》，《济南职业学院学报》2021年第2期。

和经济效益相统一，并把社会效益放首位。人类进入互联网时代后，信息传播具有速度快、范围广、信息量大的特点，这为文化产品的传播提供了前所未有的便利，但也令庸俗、低俗、媚俗的三俗文化产品有了可乘之机，资本逐利性驱使下的丧失职业道德底线的行为并不鲜见，严重影响我国文化产业市场的健康运行，尤其对尚处于价值观形成期的青少年产生严重毒害。因此，文化产业管理专业的课程思政需要结合实际，提前向学生进行职业道德规范教育，通过提升未来从业者的职业素养，规范"底线意识"，方可在源头抵制三俗文化产品的出现；同时，鼓励"创新意识"，激励学生不断创造出优秀的文化产品来满足人民日益增长的精神文化需求。

五、以"网络视频的创意与策划"为例的课程思政教学设计

（一）课程导入

从网红博主李子柒的美食短视频导入课程，李子柒用民间传统手法制作中国美食，向世界传递着中国文化，精致的东方田园生活、"天人合一，物我两忘"的至高至美意境，吸引了大量海外粉丝。李子柒短视频成功的背后是源远流长、博大精深的中国传统文化的强大支撑，一茶一饭、一丝一缕都是中华文化的浓缩。海外粉丝正是被古老又神奇的制作手法和唯美的东方意境所吸引，他们通过短视频开始了解中国，并喜欢上了中国，"中国风"短视频载着中国传统文化走向了世界。李子柒短视频的导入，让学生对网络视频创意产生兴趣，同时有助于引导学生构建中国文化认同、树立文化自信。

（二）了解网络视频产业发展概况

介绍网络视频产业的发展史就绕不开全球最大的视频网站 Youtube，其从朋友间互相分享影音视频的网站发展到今天拥有全球用户量众多的视频网站，其经营理念中有许多被国内网络视频网站借鉴，譬如根据用户需要而改版，版面的简化、增设用户互动环节等。但是由于其网站管理对用户上传的内容缺乏审核机制，2007 年 11 月，因视频、图像、言论等相关内容违反了中国互联网审查标准，YouTube 被列入中国大陆互联网关键字阻断过滤的范畴。让学生了解，互联网虽然推进了时代的进步，但其中内容也是良莠不齐的，许多内容的真伪需要认真鉴别，网络安全风险始终存在，互

联网领域是维护国家安全的重要阵地。2018 年，习近平总书记在全国网络安全和信息化工作会议上强调"没有网络安全就没有国家安全"，提醒学生们关注互联网安全。教师通过对 YouTube 案例的讲解，向学生传递了国家利益高于一切的政治立场和爱国情怀。

（三）掌握网络视频内容创意与策划方法

网络视频内容的创意与策划是重点知识点，须详细讲解网络视频内容创意与策划的五种方法，每一种都从思政角度进行了教学设计，引导学生在学习创意与策划方法的同时，能够增强民族自豪和文化自信、提高重视互联网安全的安全意识、树立正确的职业道德观以及提升自身职业素养。

1. 紧跟时代潮流，把握用户精神需求

用户思维是文化产业从业者的基本素养，尤其是网络文化产业相比于其他领域而言，其时代性更加明显，产品迭代的速度超过之前任何一种文化产品。用户的真实需求也更加趋于长尾，对于生产者或创作者而言，要重视开发利基市场，不断挖掘并满足用户真实需求是文化产业从业者最基本的职业素养。

2. 摆脱传统叙事方式的桎梏，追求非线性的灵活叙事

创新意识也是文化产业从业者必须具备的职业素养，网络文化不是把传统文化照搬到互联网上，不是原装内容换个载体式的"搬家"，而是通过创意策划打造新内容，不断丰富我们的文化资源宝库。网络视频要区别于传统的影视作品线性叙事的方式，通过非线性灵活叙事实现文化的创新。教师通过教学，让学生养成勇于创新、不断创新的职业素养。

3. 打破单线制作模式，注重创意策划过程中的双向互动交流

网络视频创意策划的第三个方法是双向互动，这也是互联网与其他传统媒介的不同之处，虽然互联网技术本身的科技因素非常复杂，但是对于应用者而言却是非常"友好"，准入门槛非常低，互动性强。这里引用一组数据：广播从 0 到 5000 万用户用了 38 年，电视用了 13 年，互联网用了 4 年，而刘德华仅用 3 天在抖音上发布了 5 条短视频就收获了 4500 万粉丝，刘德华有如此强的影响力，跟他四十年如一日的认真、勤奋工作是分不开的，借此向学生传递"德艺双馨"的内涵，呼吁学生理性看待"小鲜肉""小鲜花"等流量艺人，尤其是对污点艺人零容忍的道德底线。

网络视频的双向互动基于网络文化的大众化特点，形成"人人可以参与传播"的自媒体时代特征，但也要提醒学生，大众化参与并非无底线、

无条件的，虽然网络文化具有虚拟性，但也不要抱有侥幸心理，网络空间不是不法之地，必须是在遵守法律法规和社会道德的基础上自由地享受参与网络视频的创意、制作和传播。

4. 坚持原创性，整合文化资源，挖掘文化内涵

在网络视频发展的前十年，版权问题一直是其发展的最大困扰，不但分掉了视频网站的利润、限制其发展规模，而且层出不穷的盗版问题使整个行业很难步入健康发展之途。2015 年之前，网络视频付费用户的规模非常小，原因是盗版视频随处可见，没有人愿意为知识产权付费，视频网站的商业模式几乎完全依赖网络广告；但 2017 年之后，这一局面开始改观，有些视频网站的会员费收入开始超过广告收入了，正是网络视频产业以壮士断臂之决心整顿盗版问题，才迎来了今天网络视频产业的大发展，也使产业链更加完善。近年来，随着网络自制剧的出现，视频网站凭借自制剧加速了分化，这也成为未来网络视频市场博弈的重要筹码。教师要通过思政教育，让学生领会坚持原创对于这个行业的重要性。此外，原创的根本动力来自文化自信，只有通过文化资源的整合，深挖文化内涵，才能打造出高质量有中国特色的视频产品，通过增强版权法制观念和树立文化自信的思政教学，把知识点有机串联起来。

5. 把握正确导向，平衡好商业性和作品性

一方面，网络视频内容需要把握正确导向，构建和谐、绿色、健康的网络文化环境。此处列举反面案例供学生思考并引以为戒：案例发生在 2021 年年初，全棉时代一则发布在抖音的短视频广告被封杀，视频内容大致为一女子深夜回家遇黑衣人尾随，女子急中生智，用全棉时代湿巾卸妆，卸妆后"变丑"并成功自保。该广告故事情节带有明显低俗性和"不尊重女性""侮辱女性"的性别歧视色彩，引发全网声讨，全棉时代陷入严重的舆情危机，随后全棉时代先后四次在网络发布自夸炫耀式的回应使得舆情剧烈发酵，继而引发了更强烈的次生舆情。此反面案例让学生深刻认识到：网络时代的广告价值导向和舆情回应都是文化产业从业人员的基本功，只有在正确的价值导向之下出其不意的创意，才能变成符合大众审美的文化产品，反之则会成为网民讨伐的对象。

另一方面，网络视频的生产要坚持商业性与作品性的平衡。商业性与作品性的平衡问题是近年来网络视频产业内容生产中普遍面临的一个问题，主要表现在植入商业广告方面。面对广告商是"金主"而观众是"父母"

的现状，失去任何一方的支持都会对产品运营造成重大影响，所以这里要做好平衡，而如何实现平衡？教师可以采用启发式教学方法，引导学生独立思考。比如通过更好的创意、更人性化的设计，增加植入广告的观赏性，降低违和感，许多视频广告制作精良，符合社会主义核心价值观，传递满满的正能量，让观众看了回味无穷，甚至忍不住再刷一遍，这时网络视频的商业性和作品性就实现了完美的平衡。教师要通过多元化思政教学设计，向学生传递把社会效益放在首位，实现社会效益和经济效益相统一的社会责任感和职业道德观。

（四）应用网络视频制作

文化产业管理专业是应用型专业，文化产业创意与策划课程含有实践教学部分，重视学生对创意策划方法的灵活运用。结合本节知识点和思政教育方向，以传统文化和短视频组合的创新方式，在教学设计中，以"当传统文化遇上短视频"为题目，让学生通过制作短视频推介家乡的某项传统文化，并通过抖音账号发布，让传统文化"抖"起来。具体要求有四点：一是选择家乡的某种传统文化项目作为主题，传递爱家乡、爱祖国的家国情怀；二是对传统文化的深度挖掘，不能仅仅停留在物质文化层面，还要上升到中国传统文化价值观的层面，充分表达文化自信；三是坚持原创、禁止抄袭，强化知识产权保护的法治观念；四是注重创新性和互动性，在叙事结构上和表达形式上勇于创新，传播有新意、有内涵、有高度、有情感的短视频作品。以上四点也是应用考核的评分标准，真正把课程思政教育融入教学活动的所有环节，在文化产业创意与策划课程教学中实现思政全覆盖。

六、结论与启示

（一）结论

课程思政既要传授专业知识又要蕴含价值引领，让立德树人"润物无声"[1]。在文化产业管理专业课程中，有许多知识点都可以与思政教育完美

① 王英豪、黄美霞、褚克丹：《"文化自信"理念下的中药学思政教学设计探析》，《中医教育》2020 年第 2 期。

融合，围绕"爱国情怀、文化自信、法治观念、职业素养"的教学设计理念，通过科学、合理、深刻的教学内容与教学实施，在学习专业知识和训练专业技能的同时，培育学生形成国家利益高于一切的价值观和爱国情怀，树立中国传统文化博大精深的文化自信，强化知识产权保护的法治观念，提升重视用户真实需求和社会效益高于经济效益的职业素养，实现"教书"和"育人"的真正统一。

（二）启示

文化产业管理专业培养的是文化管理类复合型人才，是未来我国文化产业领域的生力军，其价值观对未来我国文化产业价值走向有很大影响。但由于文化产业管理作为新兴专业，在我国出现只有短短十几年的历史，无论是学科建设还是教学研究都处于起步阶段，大多数专业课程缺乏与思政教育的连接。因此，文化产业管理专业教师应围绕着"文化"的专业优势特色，深挖课程教学中的德育元素，主动开展课程思政教学设计的探索，激发学生对专业知识学习的积极性，培养学生建立向世界传播中国文化、做大做强中国文化产业的使命感。